Schleswig-Holstein kulinarisch

Vorwort

„Es läßt sich allerdings nicht leugnen, daß die Anzahl der vorhandenen Kochbücher bereits ungeheuer groß ist, und noch von Jahr zu Jahr durch neue Erscheinungen vermehrt wird. Daher möchte für den ersten Augenblick die Herausgabe eines neuen Kochbuches ziemlich überflüssig scheinen …" So ist es nachzulesen als Vorrede zu einem Kochbuch vor gut eininhalb Jahrhunderten. Es ist also alles schon einmal dagewesen. Auch die Frage nach dem „Warum überhaupt" bei der Herausgabe eines neuen Kochbuches – auch die Frage nach dem Sinn eines Vorwortes dazu:
„Günstiger Leser!
Obwohl durch Erfahrung mit der Tatsache bekannt, daß Vorreden niemals gelesen werden, weiß ich doch ebenfalls, daß sie zur literarischen Uniform gehören und als Verbrämung von Büchern ganz unerläßlich sind." Wußte und schrieb der große Gastrosoph Karl Friedrich von Rumohr. Eine seiner schreibenden Zeitgenossinnen meinte gar, ein Buch ohne Vorrede sei wie eine Suppe ohne Salz, man sollte nicht lachen, „daß eine Köchin auch eine Vorrede zu ihrem Büchlein setze …"
Die Flut der Neuerscheinungen hat seit jenen bissigen Vorreden zweifellos nicht abgenommen. Seit Essen zum Genuß und Kochen zur Kunst geworden sind, drängen sich die ansehnlichsten und anregendsten Bücher, Rücken an Rücken, Meter um Meter in den Regalen und locken zum Schmökern und Schmecken. Kochbuch-Sammler saldieren 3–4stelliges und zahlen Unsummen für Vorgestriges. Heerscharen von Küchenfans gehen tagtäglich auf Exkursionen ins Reich bilderbuchartiger Küchenkünste. Mit Wohlbehagen sitzen ihre „Testpersonen" an Tischen und Tellern.
Und nun noch ein Buch zu Kulinarischem!
Zur Rechtfertigung will ich noch einmal den schon zitierten Gastrosophen Rumohr bemühen, jenen, der auf unbestechliche Weise über die Esser aller Lande urteilte, der für eine hohe Eßkultur focht, der gegen modische Schlemmerei und Schleckerei wütete und Gehäcksel und Vermengungen moderner Köche verurteilte. Er empfahl die Landesprodukte und pries die regionale, landestypische Kost.
Was war im Norden typisch? Die ältesten Ursprünge einer Nahrung stammen aus Berichten der Jäger und Fischer und der ersten Bauern. Einem arabischen Reisenden verdanken wir dann die ersten Nachweise norddeutscher Eßkultur. Ibra-

Seit Essen zum Genuß und Kochen zur Kunst geworden sind, drängen sich die ansehnlichsten und anregendsten Bücher, Rücken an Rücken, Meter um Meter in den Regalen und locken zum Schmökern und Schmecken.

7

him At-Tartûschi schrieb 965 über die Speisung der 5000 von Haithabu. Fisch sei ihre Hauptnahrung, auch viel Fleisch und wilde Beeren. Wissenschaftler wissen es heute genauer: 26 Fischsorten waren es, vor allem Heringe, viel Flußbarsch, auch Hecht und Karpfenfische und Plattfische. Haustiere wurden gehalten und geschlachtet, Schweine vor allem, auch Kälber und Schafe. Kühe gaben die notwendige Milch, sonst trank man Wasser und Hausgebrautes. Wir lesen von Gerste im Sommer und Roggen im Winter, von Hirse, von der eiweißreichen Pferdebohne als wichtigstem Gemüse und von Pflaumen und Wildbeeren als häufigem Obst. Sicher auch als Würze, denn außer seltenem Honig gab es nichts, was den Wikingern das Mahl versüßte. Gewürze kamen kaum – und dann nur als Kräuter – vor.

Dieses also die Anfänge. Jahrhunderte hindurch lesen wir dann immer wieder von der kargen Kost im Norden. Familienchroniken und Hauskladden geben Auskunft über einfaches, deftiges Essen, über die entstehenden Geschmacksnuancen des Nordens (söötsuur und broken sööt), über wenig Kunst beim alltäglichen Kochen. Sie schreiben aber auch über reichlich Fisch und Fleisch, über den Überfluß an Obst und Gemüse, über randvolle Schüsseln und opulente Speisefolgen, wenn es um Feste und Feiern ging. Ein Kaleidoskop, das zum Klima und zum Menschen im Norden paßte. Rumohr drückte all dem einen groben, eigenwilligen Stempel auf. Er nämlich schrieb von der „barbarischen Neigung zur Völlerei", die im Norden einer „vollständigen Ausbildung feinerer Kochart" im Wege stünde.

Denn die „Ausbildung feiner Kochart" hat im Norden durchaus stattgefunden. Dieses Kochbuch ist ein Beweis dafür. Ein Beleg, wie man das Beste macht aus Heimischem und Überliefertem.

Dieser Rumohr, dessen 1832 erschienenen „Geist der Kochkunst" noch heute Gourmands und Gourmets als wegweisend betrachten, dieser Rumohr ist widerlegt. Denn die „Ausbildung feiner Kochart" hat im Norden durchaus stattgefunden. Dieses Kochbuch ist ein Beweis dafür. Ein Beleg, wie man das Beste macht aus Heimischem und Überliefertem. Es ist kein Buch aus dem „Jedermanns Land" oder eines für „Wo-auch-immer-Kochtöpfe" (wie man im vergangenen Jahrhundert Koch-Kompendien allgemeiner Art einordnete). Dieses ist ein schleswig-holsteinisches Buch, das Kochen zur Kunst macht, weil es meisterlich zubereitet, was an Typischem da war und da ist. Ein Buch, das Essen zum Vergnügen werden läßt, weil originell verändert und modernisiert wird, was für gestrige Zungen zuweilen zu deftig gekocht wurde. Mit dem Griff zu Nicht-Alltäglichem, einem Hauch von Modernität und viel Verständnis für Tradiertes ist Überliefertes verzaubert worden und aus manch Altem überraschend Neues entstanden.

Wenn auch alles schon einmal dagewesen ist – dieses Buch noch nicht. Es schaut den großen Köchen des Landes über die Schulter und macht Meisterliches für jedermann kochbar. Es macht das Kulinarische zu Hause möglich, was sich die großen Küchenkünstler für ihre Gäste ausgetüftelt haben. Und weil man auch mit dem Auge ißt, haben kochkundige Fotografen auf ihre Art Kreationen geschaffen, die Leckermäuler zum Träumen bringen. Und weil zum Essen immer auch eine Geschichte gehört, habe ich kulturhistorisch aufbereitet, was zum Essen und Trinken im Norden zu sagen ist.

Ich mag Leckermäuler – und zitiere gern, was viele Generationen vor mir gedruckt worden ist – aber gut von mir sein könnte: „Ich halte gar viel auf Leckermäuler, weil ohne solche die wohl edle Kochkunst in keinem großen Wert und Ansehen stünde. Menschen, die sich nichts aus gutem Essen machen, sind fade Kreaturen, mit denen nichts anzufangen ist, und von denen man sagen kann: Was nützt der Kuh Muskatnuß, wenn sie Erdäpfel frißt!"

In diesem Sinne wünsche ich Ihnen Freude an diesem Buch, Ihre Jutta Kürtz

PS: Man verachte mir die „Erdäpfel" nicht – ich habe ihnen aus gutem Grund ein ganzes Kapitel gewidmet (S. 176).

Und weil zum Essen immer auch eine Geschichte gehört, habe ich kulturhistorisch aufbereitet, was zum Essen und Trinken im Norden zu sagen ist.

Was man noch wissen sollte

Dieses Buch hat 20 Menüs. Zehn Menüs bringen zumeist Sommerliches auf Tisch und Teller, zehn Menüs passen besser in das Winterhalbjahr.

Jedes der Menüs hat drei Gänge, eine Vorspeise, ein Hauptgericht, eine Nachspeise. Sie sind in sich abgerundet – die drei Gänge sind aber austauschbar, durch andere ersetzbar, für Kombinationen gibt es kaum Grenzen. Wenn es sich bei einem Rezept um jahreszeitlich typische Zutaten oder um rare Delikatessen handelt, werden Alternativ-Vorschläge gemacht. Alle Rezepte sind für 4–6 Personen berechnet.

Die Rezepte für die Menüs wurden von Spitzenköchen des Landes ausgedacht und vorgekocht. Ich habe alle Rezepte nachgekocht und sie „übersetzt". Komplizierte Fachausdrücke, schwierige Abläufe, nicht-alltägliche Arbeitsgänge habe ich bis ins Detail erklärt. Niemand, der nach diesem Buch nicht kochen kann, so meine ich.

Am Ende finden sich noch einige Rezepte, die für jeden Schleswig-Holsteiner selbstverständlich sind und einfach dazugehören, wenn man von der Küche der Norddeutschen spricht.

Technisch zu beachten ist folgendes:
In Abkürzungen werden gebracht:
TL = Teelöffel
EL = Eßlöffel
Msp. = Messerspitze
Gewichte werden in g = Gramm gewogen
Flüssigkeiten in l = Liter oder ccm (250 ccm = $^1/_4$ Liter, 1000 ccm = 1 Liter) angegeben
Temperaturen und Zubereitungszeiten werden nur dann exakt angegeben, wenn es notwendig ist. Ansonsten bedeuten:
geringe Hitze ca. 150 Grad = ca. Stufe 1
mittlere Hitze ca. 180–200 Grad = Stufe 2–3
starke Hitze = ca. 220–250 Grad = Stufe 4–6

Wichtig für gute Soßen und Suppen sind Fonds und selbstgekochte Brühen. Wer keine Fertigprodukte verwenden will, kocht sich die häufigsten selber:

Fleischfond:
Fleischknochen, Markröhren, Knorpel, Sehnen und Fleisch-

Die Rezepte für die Menüs wurden von Spitzenköchen des Landes ausgedacht und vorgekocht.

10

abschnitte gut waschen. Im Backofen in der Fettpfanne sehr braun anrösten. Mit wenig Wasser angießen. Wasser verdunsten lassen. Bratensatz erneut mit wenig Wasser ablöschen, wiederum einkochen. Gemüse gut putzen und kleingeschnitten dazugeben. Kräuter gewaschen und kleingehackt dazugeben. Zwiebeln in Würfel dazugeben. Wasser angießen. Einkochen. Tomatenmark und Wein dazugeben. Einkochen. Mit Wasser ablöschen und alles in einen großen Topf geben. Bei geringer Hitze 4–5 Stunden köcheln lassen. Stets dafür sorgen, daß die Knochen knapp mit Wasser bedeckt sind. Schaum und Fett zwischendurch abschöpfen. Abseihen. Brühe einkochen lassen.

Geflügelfond:

Geflügelklein waschen. Mit der Butter in einem hohen Schmortopf leicht anschwitzen. Zwiebeln in Würfeln dazugeben. Porree, Sellerie und Petersilienwurzel putzen und kleingeschnitten dazugeben. Weißwein angießen. Einkochen, aber nicht bräunen lassen. Mit Wasser bedecken. Bei geringer Hitze 2–3 Stunden köcheln lassen. Fett abschöpfen. Abseihen. Brühe etwas einkochen lassen.

Fischfond:

Fischreste gut waschen. Zwiebel würfeln. Petersilienwurzel, Sellerie und Porree säubern und kleinschneiden. In Butter andünsten. Fischreste dazugeben, mit Wein ablöschen. Mit Wasser knapp bedecken und bei kleiner Hitze 30 Minuten köcheln lassen. Deckel vom Topf nehmen. Fischfond nicht umrühren. Durch ein Sieb gießen und um die Hälfte einkochen.

Wildfond siehe Seite 181
Alle Fonds können eingefroren werden.

Klären von trüben Brühen oder Fonds:
Wenn eine Brühe oder ein Fond nicht klar sind, für die Weiterverwendung aber ohne Trübung gebraucht werden, klärt man sie. Dazu läßt man Brühe oder Fond gut auskühlen. Man entfettet die Brühe und verrührt sie gut mit leicht verschlagenem Eiweiß. Unter ständigem Rühren läßt man dann die Brühe langsam aufkochen und 10–15 Minuten im offenen Topf ziehen. Das Eiweiß bindet die festen Teilchen und steigt als Schaum an die Oberfläche. Gut abschöpfen und durch ein Tuch geben. Man rechnet auf 1 Liter Brühe 1–2 Eiweiß.

Fleischfond (Fleischbrühe):
1 kg Fleischknochen
3 Markröhren
1 kg Knorpel, Sehnen und Fleischabschnitte
500 g Mohrrüben
500 g Sellerie
500 g Porree
2 Petersilienwurzeln
1 Handvoll frischer grüner Kräuter (z. B. Liebstöckel, glatte Petersilie, Schnittlauch, Majoran, Pimpinelle, Sauerampfer, Estragon und andere)
2 große Zwiebeln
1 kleine Dose Tomatenmark
$^1/_2$ l Weiß- oder Rotwein

Geflügelfond (Geflügelbrühe):
20 g Butter
2 kg Geflügelklein (auch Magen, Herz, Hals)
2 große Zwiebeln
500 g Porree
500 g Sellerie
1 Petersilienwurzel
$^1/_2$ l Weißwein

Fischfond:
1 kg Fischreste (Gräten, Köpfe, Flossen, Kleinfleisch) von Edelfischen bzw. Weißfischen (keine Fettfische)
1 große Zwiebel
1 Petersilienwurzel
250 g Sellerie
250 g Porree (nur das Weiße davon)
20 g Butter
$^1/_2$ l Weißwein

Von Borstenvieh und anderem

Als „Ländchen der Fettviehzucht" bedichtete Detlev von Liliencron den Norden Deutschlands. Der Kieler Professor Feuerbach klagte über das „häufig fette Fleisch", das seine Studenten neben der vielen Grütze aßen. „Schweinebacken-Land" nannten andere das, was sich zwischen Nord- und Ostsee und nördlich der Elbe bis zum dänischen Nachbarn ausbreitet. Ein Land, in dem man seit altersher lapidar begründet, warum bei rauhem Klima fetter gegessen wird als anderswo: „Fett hölt warm" sagen die, die da wohnen.

Die landestypische Küche der Vorväter, getreu nach überlieferten Rezepten gekocht, sprengt Kalorientabellen, scheut moderne diätetische Erkenntnisse, widersetzt sich frankophilen Versuchungen. Als sie entstand, die schleswig-holsteinische Küche, da aß man, um satt zu werden, dort, wie anderswo, wo Arbeit das Maß für alles war.

Jahrhundertelang ist das Borstenvieh im Norden der bedeutendste Fleischlieferant gewesen. Von Gastrosophen gern als „Palme des Nordens" gehuldigt und heute nach allen Regeln der Kochkunst zubereitet, wurde es in Ahnen-Zeiten in Buchen- und Eichenwälder zur Mast getrieben. Wenn die Früchte von den Bäumen purzelten, dann schickte man die ringelschwänzigen Herden in die Wälder und ließ sie sich ihren fetten Speck und ihr marmoriertes Fleisch anfuttern. Zehntausende waren es, die sich jährlich in den Waldungen selbstversorgten, rentable Pachtgänger, ein Gewinn für alle Seiten, ein festes Ziel vor Schnauze und Augen. Mastschweine zum Beispiel, die die Mühle in Lutterbek in Kloster-abhängigen Zeiten nach Preetz zu liefern hatte, mußten es auf eine vertraglich vereinbarte „Speckschicht auf drei Finger dick" bringen, um akzeptiert zu werden. „Man findet nicht viel Skribenten, die was Sonderliches von den Schweinen geschrieben, ohne was sie bisweilen hin und her ein wenig in ihren Schriften mit eingesprengt haben. Denn Säue sind doch Säue und niemand will sich gern mit Säuen besudeln." Nachzulesen im Monumental-Ratgeber für den Jedermann-Hausvater des Jahres 1685. Begründung: „Das Schwein ist fast auf der ganzen Erde verbreitet, ist sehr dumm und riecht und wälzt sich in allem Kote und Morast. Es ist sehr gefräßig und wirkt leicht bloß fett, daß es nicht gehen und stehen kann, so daß die Mäuse oft Löcher in den Speck fressen."

Heutiges Borstenvieh hat an Fett verloren. Und an Reputa-

Wenn die Früchte von den Bäumen purzelten, dann schickte man die ringelschwänzigen Herden in die Wälder und ließ sie sich ihren fetten Speck und ihr marmoriertes Fleisch anfuttern.

tion. „Nur" an die drei Millionen sind es noch, die jährlich in Schleswig-Holstein geschlachtet werden, Folge eines Wertverfalls im Bewußtsein der Esser und eines Preisverfalls durch ausländische Importe. Die heruntergezüchtete Speckdicke, die heraufgezüchtete Fleischmenge – zwei Rippenpaare mehr = vier zusätzliche Koteletts – gelten nicht mehr als Wunderwaffe. Auch der alte Aberglaube, daß man die „Säue schlachte in zunehmendem Monde, damit das Fleisch im Topf wachse" soll sich als Scharlatanerie erwiesen haben. Extrem hohe Qualität und ein verändertes Verbraucherbewußtsein – das ist die aktuelle Zauberformel, auf die man setzt. Und auf die Raffinesse der Zubereitung, die das Schwein wieder zum begehrten Gaumenkitzel machen soll.

Extrem hohe Qualität und ein verändertes Verbraucherbewußtsein – das ist die aktuelle Zauberformel, auf die man setzt.

Dem Schwein folgt in der statistischen Skala der Ochse, der als Solist oder als Doppelpartner mit dem Schwein immer noch und immer wieder in Schleswig-Holstein für den Fest- und Feiertagsbraten sorgt. Zu Zeiten der Viehmärkte im Norden trieb man das Rind mager ins Land, gräste es auf fetten Weiden zu nordisch Typischem und verhandelte es dann zu hohem Preis. Zigtausende gingen alljährlich auf den Rinder-, Mager- und Fettviehmärkten entlang den Ochsenwegen von Hand zu Hand und sorgten schließlich für rühmenswerte Spezialitäten in der Küche. „Op een Ossenbraden mut man gode Fründ einladen", weiß man im Norden – statistisch konstant stammt seit Jahren jedes zehnte bundesdeutsch geschlachtete Rind aus Schleswig-Holstein.

Bratenfreter war ein Schimpfwort – und meinte die reichen Leute, die sich mehr leisten konnten als die Knochenpuler. Rind vor allem. Immer mehr leisten sich heute einen anderen Vierbeiner, einen, den man ewig schon kannte, so berichten die Alten, und von dem man immer schon alles gebrauchen konnte. Das nützliche Allround-Produkt, guter Fleisch- und Milchproduzent, Landschaftsschützer und Wollieferant, Staatsdiener auf Wiesen und Deichen, macht sich für viele nützlich. Das Schaf. „Man gebraucht die Wolle, das Fett, das Fleisch, die Milch, die Klauen, die Gedärme, die Saiten, den Mist zur Düngung" – so und ähnlich heißt es seit Jahrhunderten, „geduldig, sanftmütig und still, feig und ohne Waffen" ist es. Von den Zahlen her sicher kein bedeutendes Schlachttier. Der vielseitige Nutzen der Schafe und Lämmer aber zeigte sich auch anders: Die Wolle zum Beispiel brachte Generationen hindurch reichen Verdienst. Die Sylter und Föhrer Frauen – wie andere – strickten Zigtausende von Strümpfen zum

Folgende Doppelseiten:
Die Speckschicht des Schweins
sollte „drei Finger" dick sein.

Verkauf. 1845 waren es nachweislich 4075 Paare, die von
Sylt nach Hamburg „exportiert" wurden. Schafwollenes ist
in Mode geblieben. Wie das Fleisch, das zu den Kulinaritäten gehört, und alles Eßbare vom Lamm. Nicht nur zur Oster-
zeit, wenn die Dauergewellten possierlich und springleben-
dig über Deiche und Wiesen tollen und Herz und Auge er-
freuen. Der Feinschmecker denkt dann gern an den nahen
Gastronomen, dem das Lamm so recht vor der Haustür ge-
deiht. Norddeutschlands Küchenkünstler haben sich dem
Lamm verschrieben. Die häuslichen Herdkönner zunehmend
auch, wenn es etwas besonders Köstliches geben soll. Ohne
Lamm geht nichts mehr in der schleswig-holsteinischen Küche.

Munkmarscher Muschelsuppe mit Safran

Muscheln säubern, waschen, offene Muscheln aussortieren. Olivenöl in einem mittelgroßen Topf erhitzen. Schalotte und Knoblauchzehe sehr fein hacken und im Öl kurz anschwitzen. Thymianzweig und Muscheln dazugeben. Mit Weißwein ablöschen. Fischfond erhitzen und angießen. Vorsichtig zum Kochen bringen. Sobald sich die Muscheln öffnen (nach etwa 3–4 Minuten), Muscheln mit einem Schaumlöffel aus dem Sud herausheben, in reichlich Salzwasser abkühlen. Muschelfleisch aus den Schalen lösen, eventuell den Bart entfernen. Mohrrüben, Porree, Fenchel und Sellerie sehr kleingewürfelt in Butter anschwitzen. Muschelsud bis auf den sandigen Rest angießen. Mit Salz, Safran, Noilly Prat, Sherry und etwas Pfeffer abschmecken. Tomate kurz in kochendes Wasser tauchen, kalt abschrecken, häuten und entkernen und in kleine Würfel schneiden. Sobald die Gemüsewürfel in der Suppe weich, aber noch knackig sind, Muschelfleisch und die Tomatenwürfel dazugeben. Mit gehackter Petersilie servieren.

Vorspeise 4 Personen

1 kg frische Miesmuscheln
2 EL Olivenöl
1 kleine Schalotte
1 Knoblauchzehe
1 Zweig Thymian
$1/4$ l trockener Weißwein
1 l Fischfond
160 g Mohrrüben
160 g Porree
80 g Fenchelknolle
80 g Staudensellerie
20 g Butter
Salz
1 Kapsel Safranpulver
1 Kapsel Safranfäden
3 cl Noilly Prat (französischer Wermut)
2 cl trockener Sherry
Pfeffer
1 Tomate
1 EL gehackte Petersilie

Folgende Doppelseite:
Munkmarscher Muschelsuppe
mit Safran

Deichlammrückenfilet in der Kräuterkruste

Lammrückenfilet in vier Stücke teilen. Mit Salz und Pfeffer würzen, in einer Pfanne mit heißem Öl von beiden Seiten anbraten. Öl abgießen. Butter, eine halbierte Knoblauchzehe, je einen kleinen Zweig Thymian und Rosmarin dazugeben. Bei 180 Grad im Backofen 4–5 Minuten garen. Fleisch herausnehmen, mit Alufolie abdecken, ein paar Minuten ruhen lassen.

Toastbrot ohne Rinde in einer Küchenmaschine sehr fein zerhacken. Den restlichen Knoblauch, die verbliebenen Zweige Thymian und Rosmarin und die Petersilie dazugeben, ebenfalls zerkleinern. Mit einer Prise Salz und frischgemahlenem Pfeffer würzen. Masse gut verrühren.

Fleischstücke dick mit den Kräuterkrumen bestreuen. Mit etwas geschmolzener Butter beträufeln. Im Grill überbacken. Vor dem Servieren in Scheiben schneiden. Dazu gibt es Kartoffelgratin und Gemüse der Saison.

Kartoffelgratin:

Kartoffeln in dünne Scheiben schneiden.

Feuerfeste Form mit der Knoblauchzehe ausreiben und mit Butter ausstreichen. Kartoffelscheiben einlegen und leicht salzen. Eigelb mit Sahne, Salz und Muskatnuß verrühren. Über die Kartoffeln gießen. Bei 180 Grad im Ofen etwa 25–30 Minuten garen.

Hauptgericht
4 Personen

800 g Lammrückenfilet
(sauber zugeschnitten)
1 TL Salz
Pfeffer
2 EL Öl
50 g Butter
2 Knoblauchzehen
1 kleines Bund Thymian
2 kleine Zweige Rosmarin
200 g Toastbrot
1 EL feingehackte Petersilie

Kartoffelgratin:
500 g geschälte Kartoffeln
1 Knoblauchzehe
20 g Butter
1 TL Salz
1 Eigelb
300 ccm Sahne
1 Prise Muskat

Graupenpudding auf Fliederbeergrütze

Graupenpudding: Milch, Graupen und Gewürze zum Kochen bringen. Bei geringer Hitze abgedeckt etwa 25 Minuten quellen lassen. Eigelb, Butter und die Biskuitbrösel unter die noch gut warmen Graupen rühren. Eiweiß unter Zugabe des Zuckers steif schlagen. Vorsichtig unterheben.
Portionsförmchen ausbuttern und mit Zucker ausstreuen. Graupenmasse einfüllen. In einem Wasserbad im vorgeheizten Backofen bei 180 Grad etwa 20 Minuten garen.

Fliederbeergrütze:
Die reifen Fliederbeeren waschen und mit einer Gabel von den Stielen abstreifen. Den Apfel schälen und in kleine Würfel schneiden. Rotwein mit dem Zucker zum Kochen bringen. Fliederbeeren und Apfelwürfel hineingeben und aufkochen. Speisestärke mit wenig Wasser auflösen, vorsichtig unter das Kompott rühren. Kurz aufkochen.
Graupenpudding stürzen und auf lauwarmer Fliederbeergrütze servieren.

Nachspeise
4 Personen

Graupenpudding:
$^1/_4$ l Vollmilch
60 g Perlgraupen
1 Vanillestange
1 Msp. Zimt
1 Msp. Kardamom
abgeriebene Schale von einer
unbehandelten Zitrone
2 Eigelb
30 g Butter
50 g Biskuitbrösel
4 Eiweiß
40 g Zucker
Butter und Zucker für die
Förmchen

Fliederbeergrütze:
500 g Fliederbeeren
(Holunderbeeren),
frisch gepflückt
(man kann sie auch einfrieren)
1 mittelgroßer säuerlicher Apfel
$^1/_4$ l Rotwein
80 g Zucker
2 TL Speisestärke

Folgende Doppelseite:
Austern galten schon früher als
„fürstliche Kost".

Von Fischen und allerlei Meeresgetier

„Wenn nur Fische genug gefangen werden, können viele der Unsrigen ohne Brot leben." So liest es sich 1710 in einem Bericht von Sylt. Als Hauptspeisen der Insulaner und der Halligbewohner vor der schleswig-holsteinischen Nordseeküste galt jahrhundertelang alles, was aus dem Wasser kam. Mit und ohne Gehäuse, frisch genossen oder vorratsweise getrocknet oder geräuchert. Und ähnliches berichtet man auch von den Ostseeanwohnern und denen, die auf dem noch inseligen Fehmarn lebten und fern in der Nordsee auf dem Felsen von Helgoland. Großer Fischreichtum, Heringsschwärme oder reicher Aalsegen, Dorsch in Hülle und Fülle und Plattfische in bodendeckender Zahl galten als Gotteslohn. Unvorstellbare Mengen – wenngleich auch heute sich mehr in den Meeren tummelt, als mancher meinen mag. Politische und wirtschaftliche Abhängigkeiten fordern da ihren Tribut und zeichnen zuweilen ein verstelltes Bild.

Der reiche Fischsegen trieb einst bis in die Flüsse und angrenzenden Seen hinein, wovon Chronisten nur zu gern berichtet haben. Neocorus zum Beispiel, der wortgewaltige Büsumer Prediger, schreibt um 1600 von „Kabbelwauen, Stören, Hundtvischen, Meerschwinen, Salhunden, Rochen, Schollen, Butten, manniger Gadingen Stinten, Alen, Laße, Schanen, Steenbutten, Claweseken und Wittlingen", die alle in Elbe und Eider und in den Dithmarscher meerverbundenen Seen zum Tagesfang gehörten. Wobei man ohnehin bedenken muß, daß Fischer noch vor einem guten Jahrhundert dicht unter der Küste bleiben mußten, wenn sie mit Angeln, Waden, Treib- und Stellnetzen den Meeresbewohnern an die Kiemen gehen wollten. Aale wurden gestochen, Heringe ge„hauen" oder in die Heringszäune getrieben. In der Ostsee waren die Eckernförder Fischer die ersten, die sich im 19. Jahrhundert weiter hinauswagten und die Ostsee befischten. Mit Erfolg, wie die Statistik der Stiegen und Tonnen und der Fischräuchereien beweist.

Fisch blieb die Nahrung für jedermann dort, wo er verfügbarer war als Fleisch. Exklusivere Meeresbewohner aber galten als „fürstliche Kost". Allen voran die Auster, die Knut der Große um 1020 in die Lister Tiefen geholt hatte. Als König von Norwegen und Dänemark und Herr über Sylt kannte er die „Aristokraten des Meeres" von den Griechen und den Römern. Und er, wie auch seine Nachfolger auf fürstlichen Thro-

Großer Fischreichtum, Heringsschwärme oder reicher Aalsegen, Dorsch in Hülle und Fülle und Plattfische in bodendeckender Zahl galten als Gotteslohn.

nen im Norden, bestand darauf, daß alle gefischten holsteinischen, schleswigschen und Sylter Austern an den Hof geliefert wurden. 1587 diktierte der damalige dänische König und Herzog von Holstein-Gottorf, daß die begehrten Meeresbänkler allein dem Hofe zu liefern seien. Mit hohen Strafen ließ er jeden belegen, „Staatsbürger ohne Unterschied, die beim nichtautorisierten Fang von Austern ertappt wurden …".

Sie wurden. Manch Insel-Unfrieden entstand, denn auch Insulaner wußten, was schmeckt. Mit der Muschelfischerei vor den Inseln und in der Kieler Förde war es nicht anders. Auch nicht mit dem Helgoländer Hummer, von dem um 1900 noch jährlich 30 000 Stück gefangen worden sein sollen. Bis an den Petersburger Hof und nach Ungarn gingen die beschalten Meeresbewohner auf die Reise, Geschenke und Handelsware, ein lebhafter Umtrieb mit den Delikatessen jener Zeiten entstand. Noch sämtlich ohne die uns heute so geläufigen Kühlmöglichkeiten. So manches mag wohl nicht mehr genießbar gewesen sein, als es sein Ziel erreichte. Die Großen also für die Großen – die kleinsten Varianten für jedermann: Vor gut einem Jahrhundert brachten Seehundfänger und Störfischer die Büsumer und Tönninger Fischer auf den Geschmack – und die Gourmets gleich dazu. Frauen mit der Gliep zogen ins Watt und holten körbeweise Krabben heraus, Kinder halfen, so gut sie konnten. Eine neue Köstlichkeit für Kenner war entdeckt worden. 1905 entstand die erste Krabbenfabrik an der Nordseeküste. Bis zu 500 Pfund Krabben sollen zu der Zeit täglich von Büsum nach Hamburg transportiert und auf die Feinschmeckerzungen gekommen sein. Als sich die Hochseefischerei entwickelte, neue Fangmethoden und Konservierungsmöglichkeiten entstanden, wurde Fisch zur preiswerten Volksnahrung dort, wo Fleisch als unbezahlbarer Luxus galt. Die Kunst der Köche hat aus alledem Bestmögliches gemacht und eine für Schleswig-Holstein typische Vielfalt herausgetüftelt.

Ganz so, wie es uns der große Gastrosoph Brillat-Savarin ins Stammbuch schrieb: „Fisch kann unter den Händen eines geschickten Kochs zu einer unerschöpflichen Quelle schmackhafter Genüsse werden …"

Frauen mit der Gliep zogen ins Watt und holten körbeweise Krabben heraus, Kinder halfen, so gut sie konnten. Eine neue Köstlichkeit für Kenner war entdeckt worden.

Folgende Doppelseite:
Gefüllte Seezungenschleifen auf zwei Rüben

25

Gänsekleinsuppe mit Buchweizen

Vorspeise
4 Personen

Gänsefond (am Vortag vorbereitet):
1 kg Gänsekleinfleisch
(inklusive Magen, Leber, Herz)
1 Bund Suppengemüse

Gänsekleinsuppe:
20 g Gänsefett
30 g Mehl
600 ccm Gänsefond
300 ccm Sahne
60 Buchweizen (ganz)
4 cl Essig
2 leicht gehäufte EL Zucker
Salz
Pfeffer
die abgekochten Innereien

Gänsefond: Gänseklein gut waschen. Mit dem geputzten, kleingeschnittenen Suppengemüse in 1 $1/2$ Liter Wasser zum Kochen bringen. Bei mittlerer Hitze etwa eine Stunde köcheln lassen. Leber, Herz und Magen herausheben, sobald sie gar sind. Beiseite stellen. Nach Beendigung der Kochzeit alles durch ein feines Sieb geben. Den Fond bei kleiner Hitze um die Hälfte einkochen. Auskühlen lassen. Am folgenden Tag kann das Gänsefett von der Oberfläche abgeschöpft werden. Es wird für die Zubereitung der Gänsekleinsuppe gebraucht.

Gänsekleinsuppe:
Mehl im Gänsefett anschwitzen, mit dem Gänsefond ablöschen. Sahne dazugeben, aufkochen lassen. Buchweizen in die Suppe schütten, bei kleiner Hitze 20 Minuten garziehen. Essig und Zucker zu Sirup verkochen und zur Suppe dazugeben. Aufkochen. Suppe mit Salz und Pfeffer abschmecken. Die Innereien in kleine Stücke schneiden und zur Suppe geben.

Gefüllte Seezungenschleifen auf zwei Rüben

Lachsfüllung: Lachs in kleine Würfel schneiden, mit etwas Salz, Pfeffer und Muskat würzen, 10 Minuten ins Eisfach stellen. Nach und nach in kleiner Menge den Lachs im Küchengerät schnell pürieren. Nach und nach die Sahne und das Eigelb unterrühren. Die Füllung durch ein feines Sieb streichen, auf Eis kaltstellen.

Seezungenschleifen:
Seezungen filieren. Filets mit der Oberseite (Hauptseite) auf die Arbeitsplatte legen. Leicht klopfen, mit etwas Salz und Zitronensaft würzen. Die vorbereitete Lachsfüllung in die Mitte der Filets geben. Anfang und Ende der Filets jeweils, bis sie zusammenstoßen, nach innen schlagen. Die Seezungenschleife umdrehen und mit einem Messerrücken glattstreichen. In einem Topf mit einem Dampfeinsatz 1 l Wasser zum Kochen bringen. Das geputzte und kleingeschnittene Suppengemüse, die Zwiebel, die Gewürze, etwas Salz und den Wein dazugeben und aufkochen. Seezungenschleifen auf den Dampfeinsatz geben und etwa 5 Minuten zugedeckt im Dampf garen lassen. Auf den vorbereiteten Rüben servieren.

Die roten Rüben:
Rote Bete in reichlich Wasser mit Salz und Kümmel weich kochen. Herausheben und mit kaltem Wasser abschrecken. Schälen und in kleine Würfel schneiden. Vor dem Anrichten in heißer Butter schwenken, mit Salz abschmecken.

Die Steckrüben:
Fischfond und Sahne zum Kochen bringen, auf ein Drittel einkochen. Die zu feinsten Streifen gehobelte Steckrübe hineingeben, etwa 5 Minuten bei kleiner Hitze köcheln. Mit Salz, Pfeffer und Muskat würzen.

Zu gefüllten Seezungenschleifen auf zwei Rüben reicht man Salzkartoffeln – am besten tournierte, also walzenförmig geschälte junge Kartoffeln.

Hauptgericht
4 Personen

Lachsfüllung:
150 g Lachsfilet
Salz
Pfeffer
Muskat
100 ccm Sahne
1 Eigelb

Seezungenschleifen:
3 abgezogene Seezungen à 250 g
(jeweils drei Schleifen als Stern legen)
Salz
Zitronensaft
1 Bund Suppengemüse
1 kleine Zwiebel
1 Lorbeerblatt
1 TL Pfefferkörner
1 l trockener Weißwein

Die roten Rüben:
150 g Rote Bete (frische)
Salz
Kümmel
20 g Butter

Die Steckrüben:
300 ccm Fischfond (aus den Seezungenresten mit Wurzelgemüse und Wein gekocht)
300 ccm Sahne
300 g Steckrübe
Salz
Pfeffer
Muskat

Kartoffeln als Beilage

In Kräutern eingelegter Schafskäse

Nachspeise
4 Personen

400 g Sylter Schafskäse
1 Kräutersträußchen (Basilikum,
Kerbel, Petersilie, Schnittlauch)
5 Knoblauchzehen
12 grüne Oliven
12 schwarze Oliven
500 ccm Olivenöl

Vollkornbrot als Beilage

Schafskäse in kleine Würfel schneiden (etwa 20 g schwer), in eine Schüssel geben. Kräuter gehackt darüberstreuen. Knoblauchzehen schälen und zusammen mit den Oliven zum Schafskäse geben. Mit dem Öl übergießen. Schüssel gut abgedeckt im Kühlschrank stehen lassen. Nach zwei Tagen hat der Schafskäse sein Aroma. Die Schafskäsewürfel aus dem Kräuteröl herausheben, mit jahreszeitlich frischen Blattsalaten dekorativ anrichten.
Dazu ißt man ein kerniges Vollkornbrot.

Von Enten und anderem Federvieh

1570 geht ein Gesuch an den Herzog auf Gottorf, ob nicht „Fürstl. Durchlaucht im Ambt Gottorf oder Tondern an den Ufern einen oder mehr Entenfänger anzuordnen belieben. Der Nutzen wegen der Speisung als der Federn ist groß." Was auch immer nach Fleisch aussah, wurde verspeist. Zu allen Zeiten. Da vor allem, wo der Hunger regierte und Ausschau halten ließ nach jedwedem Eßbaren.

Die Vogelzüge gen Süden und zurück waren eine Fundgrube für mancherlei „Not-Nahrung" – aber auch für durchaus Delikates. Als man auf den Inseln in der Nordsee noch nicht von den Vogelfangbetrieben der Holländer wußte, baute man auf eigene Weise Fangplätze in den Watten auf. Zwischen hohen Pfählen wurden Netze gespannt, „worinnen sich die wilden Gänse und allerlei andere Vögel verwickelten". Ihre Reise endete also im Kochtopf. Der Fang wilder Gänse muß sehr ergiebig gewesen sein, denn die Regierung belegte den erlegten Vogel mit einer Steuer, dem sogenannten Gänsegeld. Und das brachte dem Fiskus beachtliche Einnahmen.

Viel raffinierter und selbstverständlich erfolgreicher arbeiteten die Vogelkojen, jahrhundertealtem holländischem Vorbild nachgebaut. 1730 entstand die erste Vogelkoje auf Föhr, auf Sylt und Amrum ging man auch schnell zu dieser lukrativen Fangmethode über. Heute sind nur noch vereinzelte in Betrieb – andere sind zu Sehenswürdigkeiten herausgeputzt, stillgelegte Zeugen einer fernen Zeit. Auf den dicht umgrünten Süßwasserteichen, künstlich angelegt mit vier abzweigenden Wasserarmen, lockte einst jeweils eine Hundertschaft abgerichteter Wildenten die vorüberziehenden Artgenossen ins Verderben. Gefiederte Verräter, die ihrem Kojenmann in besten Zeiten die Beute hundertfach in die Reusen trieben. An einem Spitzentag wurden auf Föhr sogar 2200 Wildenten gefangen, September und Oktober bescherten stets die beste Beute. 1769 gelang es, in einer einzigen Koje auf Föhr 67 000 Enten einzuholen. Wildenten galten weithin als Delikatesse und brachten gutes Geld. Eingesalzen wurde das gerupfte Federvieh zu Tausenden exportiert. Bis 1931 gab es noch eine Konservenfabrik auf Föhr, die sich darauf spezialisiert hatte. Sogar die Federn und Flügel brachten früheren Generationen guten Gewinn. Schließlich sorgten die Wildenten auch für die Ernährung des Kojenmannes. Ein bißchen zuviel, wie Adelbert von Baudissin meinte, der 1864 einen Vogelfänger

Zwischen hohen Pfählen wurden Netze gespannt, „worinnen sich die wilden Gänse und allerlei andere Vögel verwickelten". Ihre Reise endete also im Kochtopf.

befragte und daraufhin zu rechnen begann. Das bissige Resultat des Chronisten: „Wie kann man zwölftausend Wildenten im Leibe haben, ohne Schwimmfüße und Federn zu bekommen!" 31 Jahre lang waren dem Entenfänger die Bratvögel sozusagen in den Mund geflogen.

Roh oder konserviert gingen die in den Kojen Gefangenen auf die Reise zu den Gourmets, vor allem an die Fürstenhöfe. Plante man ein besonderes Geschenk, dann versendete man ein Tönnchen solcher Köstlichkeit – und hoffte, daß es vorm Verderben sein Ziel erreichte.

Seit 1951, seit die Jagdhoheit wieder besteht auf den Inseln, fangen Insel-Friesen Enten auf alte Art – „soviele, wie wir dürfen, bringen wir gar nicht mehr zusammen", sagt einer, der ganz nebenbei auch Kojenmann ist. Bis zu 3000 dürfen jährlich vom Himmel geholt und verspeist werden. Eine Delikatesse für Kenner, denn das Fleisch der fleißigen Flieger ist fest und reich an Geschmack, der Körper fettärmer als bei manch schlecht gefüttertem Federvieh …

Was kreuchte und fleuchte und einzufangen war, fand sich zu Vorväter-Zeiten mit Sicherheit auf Tisch und Teller wieder an. Dort vor allem, wo Not herrschte. Die Helgoländer sind das beste Beispiel. Kein Seevogel wurde verschmäht (wie auch kein Meerestier). Kein Federvieh, das sich nicht unter Mehlkloß oder Gerstengrütze verstecken ließ, in Reis oder Suppentopf garte. Begehrt vor allen anderen Möwen und Lummen, Seeadler und Scharen von Singvögeln. Die Helgoländer Drosselsuppe war berühmt! Und alles wurde inseltypisch eigenwillig zubereitet.

So man sie lange genug leben ließ, legten Vögel auch Eier. Und manche erkannte man als Leckerei. Möweneier waren so begehrt, daß sich damit Geld machen ließ – was wiederum die Eierdiebe in Scharen anlockte. Der kräftigste Eieresser der Geschichte soll Kaiser Karl der Große gewesen sein, und auch Bismarck sagt man nach, daß er zum Frühstück mehr als ein Dutzend Eier geschafft habe. Mag sein, daß letztere gar nicht von Hennen gelegt wurden oder nur von Zwergen unter ihnen. Auf Sylt läßt sich immer noch nachlesen, daß selbst „angesehenste Eingesessene" zu Nesteräubern wurden. Sogar mit dem Boot fuhr man zum Eierraub von weither. Die dänische Krone setzte Lister „Eierkönige" als Wache und Ordnungshüter ein – mit Vorliebe kinderreiche Väter, deren Nachkommen als Hofbedienstete den Kampf gegen die räuberischen Feinschmecker aufnahmen. Peer Hansen zum Beispiel

Möweneier waren so begehrt, daß sich damit Geld machen ließ – was wiederum die Eierdiebe in Scharen anlockte.

32

hatte ein ganzes Dutzend Kinder, die den Hof mit frischen Möweneiern versorgten – und den häuslichen Tisch mit requiriertem Diebesgut. Leicht verderblich und daher nicht geeignet für die Asservatenkammer. Ein Genuß für die ordnungshütende Familie – was jeder nachempfinden kann, der heutigentags auf Mai und Juni, die Monate mit den Möweneiern, wartet. Hans Sachs ließ in seinem Schlaraffenland „gebratene Hühner, Gäns und Tauben ins Maul fliegen". Heutige Küchenkünstler schaffen es mit großem Geschick, aus der Not-Nahrung von einst Spezialitäten von Schlaraffenland-Qualität zu zaubern. Geflügel, wild oder zahm, ist heimische und zugleich köstliche Kost.

Geflügel, wild oder zahm, ist heimische und zugleich köstliche Kost.

Folgende Doppelseite:
Mai und Juni sind die Monate
der Möweneier.

Allerlei aus dem Garten:
je 1–2 Blätter von dekorativen
Blattsalaten, z. B. Eichblatt oder
Lollo Rosso
Radicchio
Frisée
Blattspinat
Brennesselspitzen (blanchiert)
Radieschen
Blanchiertes Gemüse:
2 Frühlingszwiebeln
(in fingerlangen, schrägen
Stücken)
40 g Mohrrüben (gestiftelt)
1 kleine Sellerieknolle (in
Scheibchen)

Vinaigrette für die Gemüse:
1 Knoblauchzehe zum Ausreiben
1 $^1/_2$ EL Sherryessig
1 TL Zucker
1 Msp. Salz
Pfeffer
4 EL Öl
(davon etwa 1 EL Olivenöl)
1 EL heiße Brühe
10–15 g Butter

Das Beste vom Lamm:
1 Lammzunge
1 kleines Bund Suppengemüse
120 g Lammleber
150 g Lammrückenfilet
Salz
Pfeffer
1 kleine Zwiebel
Essig
Mehl
1 Ei
Semmelbrösel
Butterschmalz zum Braten

Kräuterremoulade:
2 EL Mayonnaise
2 EL gehackte frische Kräuter
(z. B. Estragon, Kresse, Kerbel,
Schnittlauch, Dill, Borretsch)
1 kleine Schalotte
1 hartgekochtes Eigelb
Senf
Salz
Pfeffer
Zucker
Sherryessig

Allerlei aus dem Garten mit dem Besten vom Lamm

Allerlei aus dem Garten: Blattsalate wie üblich säubern und vorbereiten, dekorativ auf einem großen Teller arrangieren. Radieschen zur Blume schneiden und dazulegen. Frühlingszwiebeln, Möhren und Sellerieknolle blanchieren, in die Mitte des Salattellers geben. Küchenschüssel für die Kräutersoße mit der Knoblauchzehe ausreiben.

Vinaigrette für die Gemüse:
Aus Essig, Zucker, Salz, Pfeffer, Öl und heißer Brühe eine Vinaigrette schlagen. Butter unterrühren. In der Küchenschüssel warm stellen. Die Vinaigrette soll warm bleiben.

Das Beste vom Lamm:
Lammzunge mit kaltem Wasser bedecken, mit dem geputzten Suppengemüse zum Kochen bringen. 20–30 Minuten bei mittlerer Hitze kochen. Herausheben, in Eiswasser legen. Häuten. Gaumenfleisch abschneiden. Die Zunge der Länge nach in Scheiben schneiden. Lammleber in vier Scheibchen teilen, in Butterschmalz rosa braten (bei großer Hitze etwa 2 Minuten), pfeffern und salzen, warm stellen. Lammrückenfilet rundherum salzen und pfeffern, rosa braten (bei großer Hitze etwa 3 Minuten) und warm stellen. Lammzunge in Mehl wenden, durch verquirltes Ei ziehen und in Semmelbröseln panieren. In Butterschmalz rundherum goldgelb braten. Salzen und pfeffern. Warm stellen.

Kräuterremoulade:
Mayonnaise mit den gehackten Kräutern und dem zerdrückten Eigelb verrühren. Die feingewürfelte Schalotte dazugeben. Mit Senf, Salz, Pfeffer, Zucker und Essig würzig abschmecken.

Die lauwarme Vinaigrette wird über die auf dem Teller vorbereiteten Salate und Gemüse geträufelt. Leberscheiben, Lammrücken und Zunge dekorativ dazulegen. Kräuterremoulade dazugeben. Sofort servieren.

Anmerkung:
Lammleber, Lammzunge – auch Lammbries und Lammhirn, die ebenfalls für diese köstliche Vorspeise blanchiert und paniert gebraten werden können – müssen rechtzeitig beim Schlachter oder im Delikatessenhandel bestellt werden.

Junge Ente in 2 Gängen serviert

Entenflügel und Entenhals kleinhacken, im Ofen anrösten. Das kleingeschnittene Gemüse dazugeben, anrösten, unter mehrmaligem Ablöschen bräunen. Tomatenmark dazugeben, Brühe aufgießen, Gewürze hineingeben. Etwa 1 $^1/_2$ Stunden bei geringer Hitze köcheln lassen. Durch ein Sieb abgießen, kalt stellen, am nächsten Tag entfetten.

Die gesalzene Ente im vorgeheizten Backofen bei 260–280 Grad 20 Minuten braten. Herausheben. 5 Minuten ruhen lassen. Dann tranchieren. Für den ersten Gang werden die Entenbrüste (die jetzt schon gar sind) herausgelöst und mit Bordeauxsoße serviert.

Bordeauxsoße:
Zucker in einer großen Pfanne karamelisieren, mit Essig, Wein und Entenfond ablöschen. Speisestärke mit wenig Wasser auflösen, unter die Soße rühren. Bei geringer Hitze um die Hälfte einkochen. Entenbratensaft dazugeben. Das Knochengerüst der tranchierten Ente gut auspressen, den Saft zu der Soße geben. Eiskalte Butterflocken unterrühren, bis die Soße cremig ist.
Die Entenbrust mit dieser Soße servieren.

Der Ente zweiter Gang
Entenkeulen auslösen, dabei den Unterschenkelknochen blankputzen. In Alufolie einwickeln und im Ofen noch einmal 5–8 Minuten nachbraten.

Apfelmus:
Apfel mit Wein und Gewürzen zu Mus verkochen, Entenkeule damit servieren.

Anna-Kartoffeln und Gartengemüse:
Zu der Ente in 2 Gängen schmecken besonders gut: Anna-Kartoffeln und Gartengemüse
Kartoffeln walzenförmig schälen. Roh in dünne Scheiben schneiden. In eine feuerfeste Form schichten, mit Salz und Pfeffer würzen. Mit der geklärten Butter übergießen. Im vorgeheizten Ofen bei 260 Grad 20–25 Minuten garen.
Steckrüben in hauchdünne Streifen schneiden. In der Sahne mit den Gewürzen garen. Bohnen in Salzwasser mit dem Bohnenkraut garen. Herausheben, mit Butter und gehackter Petersilie schwenken.

Hauptgericht
4 Personen

1. Gang: Gebratene Entenbrust mit Bordeauxsauce
2. Gang: Entenkeule auf Apfelmus

Vorbereitung am Vortag:
1–2 junge Freiland-Enten, etwa 1400 g schwer

Entenfond: Entenflügel und Entenhals
1 kleine Zwiebel
50 g Mohrrüben
50 g Porree
50 g Sellerie
1 EL Tomatenmark
$^1/_2$ l Geflügelbrühe
5 Pfefferkörner
$^1/_2$ Lorbeerblatt
2 Stengel Petersilie
1 kleiner Zweig Thymian
1 kleiner Zweig Majoran
1 kleiner Zweig Rosmarin

Bordeauxsoße:
1 EL Zucker
1 Spritzer Sherryessig
$^1/_4$ l Bordeaux (derselbe Wein, der zur Ente getrunken wird)
$^1/_4$ l Entenfond
1 TL Speisestärke
Butter

Apfelmus:
2 mittlere Cox Orange
2 EL trockener Weißwein
1 Prise Zucker
1 Prise Muskat

Anna-Kartoffeln:
4 große Kartoffeln
Salz
Pfeffer
80 g Butter

Gartengemüse:
200 g Steckrüben
$^1/_8$ l Sahne
Salz
Zucker
Muskat
200 g junge grüne Bohnen
1 Zweig Bohnenkraut
Butter
gehackte Petersilie

Rosinensoufflé auf geeistem Pharisäer

Nachspeise
4 Personen

Geeister Pharisäer:
4 Tassen starker Kaffee
4 geh. TL Zucker
16 cl Rum
200 ccm Sahne

Rosinensoufflé:
3 Eigelb
50 g Zucker
abgeriebene Schale von einer
unbehandelten Zitrone
50 g Mehl
200 ccm Milch
4–5 Eiweiß
75 g Rosinen, in 2 cl Rum
eingeweicht
Mehl
Butter und Zucker für die
Förmchen

Geeister Pharisäer: Kaffee kochen, süßen, auskühlen lassen. Rum unterrühren. Pharisäer in der Tiefkühltruhe ein paar Stunden anfrieren. Herausnehmen, vorsichtig durchschlagen. Sahne steifschlagen und gut unterheben. Pharisäer-Eismasse auf vier großen Tellern verteilen. Mit den Tellern tiefkühlen.

Rosinensoufflé:

Eigelb, Zucker und Zitronenschale im heißen Wasserbad aufschlagen. Mehl unterheben, Milch dazurühren, weiterrühren, bis die Masse cremig wird. Vom Feuer nehmen. Eiweiß sehr steif schlagen. Nach und nach unter die Soufflémasse geben. Rosinen mit Mehl bestäuben, unterheben. Feuerfeste Portionsförmchen ausbuttern und sorgsam mit Zucker ausstreuen. Soufflémasse bis zum Rand in die Förmchen füllen. Im Ofen bei 240 Grad im Wasserbad 15–18 Minuten stocken lassen.

Den Teller mit dem geeisten Pharisäer aus dem Gefrierfach herausnehmen. Das Rosinensoufflé darauf stürzen. Mit Puderzucker bestäuben.

Vorhergehende Doppelseite:
Junge Ente in zwei Gängen
serviert

Von fetten Speisen mit süßen Beilagen

Grüner Kohl vor der Fastnacht – weißer danach. So simpel beschrieb Friedrich Hebbel die norddeutsche Küche.

Grüner Kohl vor der Fastnacht – dieses zumindest ist eindrucksvoll erlebbar. Denn Winterzeit ist Grünkohlzeit. Unvorstellbare Mengen schmoren in norddeutschen Töpfen nach dem ersten Frost. Ganz besonders Ende Februar auf den Inseln im nordfriesischen Wattenmeer. Wenn man dort nach tradiertem germanischem Brauch mit großen Feuern den Winter verbrennt, wenn lodernde Feuerzeichen gegen den Himmel gesetzt werden, dann trifft man sich in der Nacht zum gemeinsamen grünen Kohl. Ein Festgericht, wenn alles drin ist. Viele Rezepte gibt es im Lande, immer gehört viel kräftiges, gepökeltes und geräuchertes Fleisch dazu, Kohlwürste auch, Schweinebacke – und immer irgendeine Süße. Durch mitgekochtes Obst, durch karamelisierte Kartoffeln als Beilage, oder der Zuckertopf steht mit auf dem Tisch. Kenner trinken einen kühlen Klaren dazu, auch der Bekömmlichkeit wegen. Ihre Speisen sind von einfacher Art – so der Römer Tacitus über die Kost der Menschen im Norden.

Was an Überliefertem zwischen Nord- und Ostsee und im Land dazwischen aus Topf und Pfanne kam, war von bodenständiger Eigenwilligkeit. Wie jede landestypische Hausmannskost hat auch die schleswig-holsteinische ein paar unverwechselbare Besonderheiten. Man muß so manches mögen wollen, wenn es munden soll, das geben Einheimische zu. Vor allem „söötsuur" und „broken sööt" ißt man hier. Nicht allein süßsauer also, sondern aufgebrochen süß. Kombinationen aus schwer Rauchigem und lieblich, obstig Süßem, aus deftig Kräftigem mit dem Hauch von Säure oder Fruchtigem kommen immer wieder vor.

Deftig-kräftig ist, was man im Norden kocht. Dem Klima und den heimischen Zutaten angepaßt. Man braucht einen guten Appetit und viel Freude am Essen. Eine Speisen-Landschaft, die unübersehbar die Handschrift der Ahnen trägt, die vom rauhen Klima berichtet und von Naturgewalten, von kargen Böden und seltenen Neuerungen. Aber man übersieht leicht, daß es ein Land der Gegensätze war. Auch in den Küchen. Wohlstand und die hohe Küche kamen vor, viehreiche Weiden und zahlloses Schlachtvieh auf den Märkten, immenser Fischreichtum und eine Fülle an exklusivem Meeresgetier. Obst und Gemüse vor der Haustür und weite, wogende Korn-

Was an Überliefertem zwischen Nord- und Ostsee und im Land dazwischen aus Topf und Pfanne kam, war von bodenständiger Eigenwilligkeit.

Folgende Doppelseite: Notwendige Küchengeräte zum Zubereiten köstlicher Speisen

felder. Heimische und importierte Genüsse zeugen von hohem Qualitätsbewußtsein. Seltsame Kombinationen sind aus allem entstanden. Birnen-Bohnen-Speck zum Beispiel, ein festtäglicher Eintopf am Ende des Schinkens, zur Zeit der jungen Bohnen und der kleinen aromatischen Birnen. Viel Gutes in einem Topf, das anderswo getrennt gegessen wird. Die gefüllte Schweinerippe ist auch ein Beispiel, für einen Holsteiner nur gut, wenn Backobst dem Borstenvieh die rechte Süße vermittelt. Dieses auch: die Aalsuppe, ein gutes norddeutsches Beispiel, wie einer gehaltvollen frischen Suppe der Stempel aufgedrückt wird durch die Beigabe von Obst, von Kräutern und Klößen und durch den Schinkenknochen, mit dem alles Kochen beginnt. Auch ohne Aal ein Festgericht – er ist erst nachträglich hineingeworfen worden. Fettaugen auf der Fruchtsoße, süße Suppen mit Räucherwurst, Mehlklöße, rauchig gekocht und obstig begleitet, Fisch und Meeresgetier mit eigenwillig fruchtiger Beilage – das alles ist beispielhaft. Inzwischen ist so manche lukullisch anmutende Vor- oder Nachspeise aus dem entstanden, was einst im großen gemeinsamen Topf versank. Leichtfertig hält so mancher den Norden immer noch für kulinarisches Brachland. Aber das ist ein böses Gerücht. Kritische Zungen wie Tacitus und Hebbel haben ihr Teil dazu beigetragen, aber Schleswig-Holstein war immer auch mehr. Von den kargen Alltagen wissen wir – aber kaum von den sieben Mahlzeiten der Friesen, den reichgedeckten Tischen, die den Nordstrander Prediger Petrejus ausrufen ließen: „Mein Lebtag habe ich nie ein solches Wohlleben gesehen wie auf Nordstrand!" Auch die Schilderung von Heinrich Rantzau von der „cimbrischen Halbinsel" ist 1597 angefüllt mit einem Überfluß an eßbarem Getier, an Getreidearten in Hülle, an reichlich geernteter Frucht. 1502 schon gab es im hanseatischen Lübeck das opulente Mahl auf der Olausburg, das an Wünschen aus heutiger Sicht nichts ausließ.

An den Herden gutsherrlicher und städtischer Küchen standen immer schon einfallsreiche Speisen-Kompositeure. Neben der einfachen Kost des Landes reifte viel Raffiniertes.

Neben der einfachen Kost des Landes reifte viel Raffiniertes.

In unserer Zeit hat die Nouvelle Cuisine einen Hauch von Gourmandise über diese Ancienne Cuisine gelegt. Große am Herd haben völlig Neues aus bewährtem Altem ersonnen. „Goot Eten un Drinken holt Lief un Seel tohopen", sagt man im Norden. Daran hat sich nichts geändert. Nur der Anspruch, der Geschmack sind heute anders als gestern.

Grünkohlsuppe
mit Entenschaumklößen

Speck und Zwiebel in Würfel schneiden und kurz anbraten.
Grünkohl waschen, in Salzwasser blanchieren und gut ausdrücken. Grünkohl, Speck und Zwiebel mehrfach durch den
Fleischwolf geben. Rinderbrühe aufkochen, Grünkohlmus
hineingeben, mit den Gewürzen abschmecken und einmal
aufkochen. Sahne unterrühren.

Entenschaumklöße:
Die Haut der Entenbrust abziehen. Fleisch in Streifen schnei-
den und in der Küchenmaschine pürieren. 10 Minuten ins
Gefrierfach stellen. Sahne ebenfalls kühlen. Nach und nach
die Sahne unter das Fleischmus rühren, mit Salz, Pfeffer und
Rosmarin würzen. Durch ein Sieb streichen. Erneut kurz
kühl stellen. Gänseschmalz unter die Masse rühren. Eiweiß
sehr steif schlagen und nach und nach unter das Püree heben.
Mit einem Teelöffel Klöße abstechen und in Salzwasser 4–5
Minuten garziehen. In die Grünkohlsuppe geben.

Vorspeise
4 Personen

100 g durchwachsener Speck
1 mittlere Zwiebel
450 g Grünkohl (ohne Stiele)
$^3/_4$ l Rinderbrühe
2 TL mittelscharfer Senf
Salz
Pfeffer
Muskat
$^1/_4$ l Sahne

Entenschaumklöße:
150 g Entenbrust
120 ccm Sahne
Salz
Pfeffer
Rosmarin
1 EL Gänseschmalz
3 Eiweiß

Folgende Doppelseite:
Förtchen auf Quittenschaum und
geeistem Hagebuttenmus

45

Amrumer Butt mit Füllung

Hauptgericht
4 Personen

4 Goldbutt (ausgenommen,
ohne Kopf etwa 450 g je Butt)
Salz
Zitronensaft
150 g Schafskäse
Butter zum Braten

Füllung:
1 Scheibe Toastbrot
20 g Butter
100 g Räucheraalfilet
50 g Dorschleber (aus der Dose)
1 Knoblauchzehe
3 mittelgroße aromatische Birnen
6 EL Crème fraîche
3 Eigelb
200 g Muschelfleisch
(frisch abgekocht)
200 g Nordseekrabbenfleisch
(frisch gepult)
1 geh. TL gehackte Petersilie
Salz
weißer Pfeffer

Sardellensoße:
1 EL trockener Weißwein
3 Eigelb
Salz
weißer Pfeffer
250 g Butter
Zitronensaft
1 geh. TL Sardellenpaste

Kartoffeln und grüner Salat als
Beilage

Butt gründlich säubern, mit Zitronensaft beträufeln und mit etwas Salz bestreuen. Kalt stellen.

Füllung:

Toastbrot in kleine Würfel schneiden, mit der Butter in der Pfanne kroß rösten.

Aal, Dorschleber, Knoblauch und die geschälten, entkernten Birnen nach und nach (in kleinen Mengen) in der Küchenmaschine pürieren. Die Masse kurz ins Gefrierfach stellen. Crème fraîche und Eigelb gut verschlagen. Das Püree nach und nach unterziehen. Erneut kühl stellen. Muschelfleisch gut abtropfen lassen und trockentupfen. Unter die Füllung heben. Krabbenfleisch dazugeben. Mit Petersilie, Salz und Pfeffer würzen. Brotwürfel untermischen. Erneut kühl stellen.

Sardellensoße:

Weißwein und Eigelb mit Salz und Pfeffer verrühren. Im Wasserbad cremig schlagen. Vom Herd nehmen. Die warme Butter nach und nach unterrühren. Mit einem Spritzer Zitronensaft abschmecken. Sardellenpaste vorsichtig unterrühren.

Gefüllter Butt:

Goldbutt längs der Mittelgräte auf der dunklen Seite einschneiden. In Butter goldbraun braten – zunächst die helle Seite 3 Minuten, nach dem Umdrehen die dunkle Seite 5 Minuten. Herausheben, die Mittelgräte herausbrechen. Etwas abkühlen lassen. Füllung in den aufgeklappten Butt geben. Zuklappen, mit Sardellensoße überziehen. Schafskäse raspeln und über die Soße streuen. Bei Oberhitze (250 Grad) 5–10 Minuten überbacken.

Beilagen:

Zum gefüllten Butt serviert man neue Kartoffeln, geschabt oder gepellt, und einen knackigen grünen Salat in einer Sahne-Zitrone-Soße.

Förtchen auf Quittenschaum und geeistem Hagebuttenmus

Förtchen: Milch mit Butter leicht erwärmen. In eine Schüssel geben. Eier verschlagen und schnell unterrühren. Hefe mit dem Zucker in einer Tasse aufrühren und dazugeben. Mehl und Salz unterschlagen. Diesen dickflüssigen Hefeteig gut durchschlagen, an einem warmen Ort 15 Minuten gehen lassen. Zum Ausbacken der Förtchen (auch Futtjens, Fortjis oder Ballbäuschen genannt) gibt es im Norden spezielle Förtchen-Pfannen, auch Augen-Pfannen genannt. Man fettet die Backlöcher aus, gibt den Teig hinein, läßt ihn auf der Unterseite gut bräunen und dreht dann den kleinen Teigball mit Hilfe von zwei Gabeln um. Wenn die zweite Seite goldbraun gebacken ist, ist das Förtchen auch innen gar.

Förtchen sind kleine Urahnen der großen Berliner. Wer keine Förtchen-Pfanne hat, kann ähnliche Teiggebilde in heißem Fett ausbacken. Der Topf muß aber ziemlich flach sein. Man füllt vorsichtig mit einem Eßlöffel oder einem Teelöffel den dickflüssigen Teig in das heiße Fett und backt das schwimmende Förtchen dann von beiden Seiten hellbraun aus.

Die noch warmen Förtchen werden zu Quittenschaum und geeistem Hagebuttenmus gegeben.

Quittenschaum:
Quittensaft und das pürierte Quittenkompott mit Eigelb gut verrühren. Im Wasserbad erhitzen und unter ständigem Rühren zu Schaum aufschlagen. Im Eiswasser auskühlen.

Geeistes Hagebuttenmus:
Eier im Wasserbad schlagen, bis eine stabile Creme entstanden ist. Nach und nach die leicht vorgewärmte Hagebuttenkonfitüre dazugeben. Weiterschlagen, bis die Masse einheitlich ist. Ins Eiswasser stellen und kaltrühren. Sahne sehr steif schlagen. Nach und nach unter die Eiercreme geben. In eine Eisform geben und über Nacht einfrieren.

Quittenschaum und ausgestochenes Hagebuttenmus auf einen Teller geben, die noch warmen Förtchen danebenlegen.

Nachspeise
4 Personen

180 ccm Milch
50 g Butter
2 mittlere Eier
10 g frische Hefe
25 g Zucker
250 g Mehl
1 Msp. Salz
Margarine oder Kokosfett
zum Ausbacken

Quittenschaum:
$^{1}/_{4}$ l Quittensaft
25 g Quittenkompott
4 Eigelb

Geeistes Hagebuttenmus:
3 Eier
100 g Hagebuttenkonfitüre
$^{1}/_{2}$ l Sahne

*Folgende Doppelseite:
Bier und Schnaps gehören zum deftigen schleswig-holsteinischen Essen.*

Vom Durst und Hochprozentigen

„Niemand kann davon essen, außer, er sei von Kind auf dran gewöhnt." So Thomas Mann über eine der norddeutschen Spezialitäten, um deren Urheberschaft sich immer noch die Hamburger und die Holsteiner (friedlich) streiten: Die Aalsuppe. Von Kennern als Königin der Suppen geschätzt, ist sie doch nicht jedermanns Gaumenschmaus. Schon der Gastrosoph Rumohr beschrieb sie wenig anerkennend als „chaotische Mischung".

Aalsuppe und Aal überhaupt in vielfacher Variation sind untrennbar mit der norddeutschen Speisekarte verbunden. Man fährt weit, um Aal dort zu essen, wo er zuverlässig gut und frisch zubereitet wird. Und wenn man „Aal satt" ißt, dann gehört ein guter, hochprozentiger Schluck dazu, damit der Magen dem Gaumen den Genuß nicht verübelt.

Trinkbares hat auch so seine Geschichte im Norden. Gewiß, im Anfang war das Wasser, auch hier, und es dauerte eine ganze Reihe von Jahrhunderten, bis sich eines Tages ein wenig genußfreudiger Pastor bei einer Kindstaufe von seinen Feiertagsgästen fast hereinlegen ließ und für ein Getränk Pate wurde, das heute als typisch norddeutsch gilt. Der Pharisäer, jene Mischung aus Kaffee und Rum, versteckt unter dichter Sahnehaube, der Kaffeetrinkern einige Erkenntnisse über den kühlen Norden bringen kann.

Im Anfang war das Wasser. Der Römer Plinius der Ältere bezeugt es. Nach einer Halligreise kurz nach Christi Geburt berichtete er ziemlich entgeistert von den Halligbewohnern, die „Seefahrern ähneln, wenn das Wasser alles bedeckt, Schiffbrüchigen dagegen, wenn es zurückgetreten" war. Keinen anderen Trank hätten sie „als den Regen, den sie in Gruben vor ihren Hütten auffangen". Im Norden wie anderswo haben die Menschen viel Mühe darauf verwandt, dem Gaumen Genußreicheres zu gönnen. Von Wasser war da dann irgendwann nur noch als von Lebens-Wasser die Rede. Wasser, mancherlei Säfte, Milch, Molke und Met, der berauschende Honigwein der Germanen – das waren wohl die ältesten Getränke im Norden. Früh auch das Bier, das leichte, hausgebraut, wichtigster Durstlöscher, in großen Mengen auch verkocht und „gegessen". Im Land ohne Reben wurde der Gerstensaft zum Volksgetränk – auch zum Exportartikel, als man es nicht mehr der Hausfrau allein überließ, zu malzen und zu maischen. Wein, auf kostspielige Weise herbeigeschafft und faß-

Und wenn man „Aal satt" ißt, dann gehört ein guter, hochprozentiger Schluck dazu, damit der Magen dem Gaumen den Genuß nicht verübelt.

weise herbeigerollt, gesellte sich dazu, wo man es sich leisten konnte. Rheinischer und französischer Wein, aus dem die Lübecker ihren Rotspon zauberten, portugiesischer und spanischer Rebensaft. Im Alltag und auf dem Lande blieb Bier das Volksgetränk, bei ausgelassenen Festen rund ums Jahr und rund ums Leben auch. Wein und Wohlstand hingegen gingen Hand in Hand in den Städten.

Im 15./16. Jahrhundert schließlich schwappte der Schnaps ins Land, Branntwein, zunächst als Heilmittel gegen allerlei Fieber und Gebrechen, in der Apothekerkammer gebraut und verkauft. Lebenswasser nannte man es gar zu gerne und labte sich mit gutem Gewissen an dem großen Gesundmacher. Als der billigere Kornbranntwein folgte, wurde die Droge Alkohol für jedermann erschwinglich und in Schenken und Krügen ein wohlfeil dargebotenes Getränk. Krüge und Kröger gab es viele in der Zeit. Durstige auch. Schon Tacitus sprach von der „Trinksucht der Germanen", Jahrhunderte später verdammte Luther den „Saufteufel" der Deutschen.

Als im 18. Jahrhundert die Exoten ins Land kamen – der chinesische Tee, der arabische Kaffee, die mexikanische Schokolade –, da glaubte man, dem Laster der Trunkenheit Schranken zu setzen. Von epochaler Bedeutung wurden die „neumodischen Genüsse" für die Europäer. Sie begannen ihre Karrieren als Arzneien, wurden dann zum Luxustrank wohlhabender, privilegierter Kreise, entfalteten schließlich ihre geselligkeitsfördernde Kraft und demokratisierten sich erst, als die Preise den Genuß erschwinglich machten. Kaffee- und Teekrögen nannte man das hierzulande. Doch der Saufteufel wurde mit dem Beelzebub ausgetrieben. Denn die Findigen im Norden verbanden schnell das Neue mit beliebtem Altem und setzten flink dem Tassentrunk das Feuerwasser zu. So entstanden die belebenden Punsche, die bis heute im kühlen Norden Kehle und Seele erwärmen. Der Pharisäer und seine Anverwandten. Der Geist, der in die Tassen geriet.

Man muß nicht meinen, daß Pastoren die einzigen waren, die der Trunksucht den Kampf angesagt hatten. Mäßigkeitsvereine in großer Zahl entstanden. Obrigkeitliche Verordnungen versuchten zu regeln, was aus der Ordnung geriet. Doch so vielfältig wie das Land im Norden immer schon beschaffen war, so eigenwillig verschieden seine Bewohner, so zahlreich war zugleich, was den Gourmets aus Kanne, Faß und Buddel rann. Getränke und Gelegenheiten gab es genug im Lande.

Im 15./16. Jahrhundert schließlich schwappte der Schnaps ins Land, Branntwein, zunächst als Heilmittel gegen allerlei Fieber und Gebrechen, in der Apothekerkammer gebraut und verkauft.

Folgende Doppelseite:
3mal Aal – auf Bongsieler Art

Friesische Hochzeitssuppe

Vorspeise
4 Personen

500 g Markknochen
2 Rinderbeinscheiben
200 g Mohrrüben
150 g Sellerie
150 g Porree
1 Zwiebel
1 Lorbeerblatt
2–3 Pfefferkörner
1 TL Salz

Einlagen nach Geschmack:
Fleischklößchen
(Rezept siehe S. 68)
Grießklößchen
(Rezept siehe S. 68)
Eierstich
Mohrrüben
Petersilie

Fleisch und Knochen säubern und mit Wasser bedeckt zum Kochen bringen. Gut abschäumen. 30–40 Minuten bei mittlerer Hitze kochen lassen. Das geputzte Suppengemüse kleingeschnitten dazugeben. Die Zwiebel und die Gewürze hinzufügen. 40 Minuten bei kleiner Hitze köcheln lassen. Fleisch und Gemüse herausheben, Brühe durch ein Sieb geben. Nachwürzen.

Einlagen:
In dieser klaren Brühe serviert man – ganz nach Geschmack – Fleischklößchen, Grießklößchen, Eierstich und hauchdünne Mohrrübenstreifen. Mit frischgehackter Petersilie bestreuen. Das Fleisch wird für ein zweites Essen beiseite gestellt.

3mal Aal – auf Bongsieler Art

Brataal

Aal schlachten, ausnehmen, abziehen (das macht auch der Fischhändler). Portionieren und 30 Minuten wässern. Mit Zitronensaft einreiben, mit Salz und Pfeffer würzen. Mehl und Paniermehl zu gleichen Teilen vermischen. Aal darin wenden. Den sehr fein gewürfelten Speck auslassen, Butter dazugeben. Aal darin rundherum braten, bis sich das Fleisch von der Gräte löst.

Zu Brataal gibt es hausgemachten Kartoffelsalat mit einer einfachen Mayonnaisezubereitung (kräftig abschmecken mit Salz, Pfeffer und geriebener Zwiebel) und frischen grünen Gartensalat mit einer Kräutermarinade.

Aal in Gelee

Aal schlachten, ausnehmen, abziehen (das macht auch der Fischhändler). Portionieren und 30 Minuten wässern. Mit Zitronensaft einreiben. Wasser mit den Gewürzen und der Zwiebel zum Kochen bringen. 20 Minuten kochen, durch ein Sieb gießen. $1/4$ l Wasser dazugießen, aufkochen. Aal in den Fond legen und bei kleiner Hitze 15–20 Minuten garziehen. Herausheben und in eine flache Schale legen. Gelatine in kaltem Wasser einweichen, ausdrücken und in $1/2$ l vom Fond einrühren. Über den Aal gießen. Über Nacht auskühlen. Stürzen.

Räucheraal

Räucheraal in 6–8 cm lange Stücke schneiden, dekorativ mit Zitrone und Dill auf Salatblättern anrichten.
Aal in Gelee und Räucheraal werden als 2. Gang zusammen serviert. Dazu gibt es Bratkartoffeln (ohne Speck gebraten) und Schwarzbrot.

Hauptgericht (1. Gang)
4 Personen

2 kg lebender Aal
(mittlere Größe)
Zitronensaft
Salz
Pfeffer
Mehl
Paniermehl
50 g fetter Speck
40 g Butter

Beilage:
Kartoffelsalat
Gartensalat

Hauptgericht (2. Gang)
4 Personen

1 kg lebender Aal
(mittlere Größe)
$1/2$ l Wasser
$1/4$ l Weinessig (10%)
12 weiße Pfefferkörner
1 EL Senfkörner
4 Wacholderbeeren
2 Lorbeerblätter
1 mittlere Zwiebel
1 gestr. EL Salz
6 Blatt weiße Gelatine

Frisch geräucherter Aal
Bratkartoffeln
Schwarzbrot

Pharisäer

Nachspeise
pro Person

1 Tasse starker schwarzer Kaffee
2 Stück Würfelzucker
4 cl Rum
2 EL steif geschlagene Sahne

Sehr starken schwarzen Kaffee mit 2 Stück Würfelzucker in die Tasse geben. 4 cl Rum erwärmen und in den Kaffee rühren. 2 EL steif geschlagene Sahne obenaufsetzen. Nicht mehr rühren.

Von Schleswigern und Holsteinern

„Da aber das Land verlassen war, schickte er Boten in alle Lande, nach Flandern und Holland, Utrecht, Westfalen und Friesland, daß alle, die kein Ackerland hätten, mit ihren Familien kommen sollten, um wunderbares, weites Land zu erhalten, das fruchtbar sei für Ackerbau, und Überfluß habe an Fisch, Fleisch und fettem Weideland ...“

So berichtet Helmold von Bosau im Jahre 1143 über den Aufruf von Graf Adolf II. – er war der Initiator der ersten großen holländischen Einwanderungswelle ins Land nördlich der Elbe. Den schon seßhaften Holsten und Stormaren riet er, sie sollten nach der Unterwerfung der Slawen nun deren Land besiedeln: „Seid die ersten und wandert ein in das ersehnte Land, bewohnt es und nehmt teil an seinen Gaben.“ Schleswig-Holstein war und blieb ein Einwandererland. Früh und immer wieder stoßen wir auf holländische Spuren. Da waren im Norden die ersten Friesen übers Meer gekommen als Siedler. Da hatten erste Deichspezialisten um 1000 herum an der Eiderstedter „Nase“ ihr Können eingesetzt. Nun holte Adolf II. Holländer an die Ostküste – wo sie sich unter anderem verdient machten um den Aufbau des Meierei (= Holländer-)wesens.

1619 wurde noch einmal nach den begabten Holländern gerufen. Friedrich II., Herzog von Gottorf, baute am Zusammenfluß von Eider und Treene eine Planstadt nach holländischem Vorbild. Gedacht als Konkurrenz zur neugegründeten „glücklichen Stadt“ des Dänenkönigs Christian IV. Friedrichs neue Stadt sollte das weltweit beachtete Seehandelszentrum der Gottorfer werden. Bis Rußland und bis zum Orient sollten die Handelswege reichen.

Der Traum von weltweiter Bedeutung zerplatzte. Aber Holländer, die ihrer Religion wegen außer Landes gewiesen worden waren, fanden in Friedrichstadt eine neue Heimat und gesicherte Religionsfreiheit. Der kleinen neuen Stadt bescherte das Edikt schließlich sieben verschiedene Glaubensrichtungen.

Holländer waren also die einen der vielen Vorväter heutiger Schleswig-Holsteiner. Will man ihn kennenlernen, den Norddeutschen, dann muß man zunächst einmal die ganze Palette seiner Landschaften erfahren. Denn so individuell wie sie alle sind auch die darinnen herangewachsenen, durch sie geprägten Menschen. Geest und Marsch, Heideflächen und Moore,

Will man ihn kennenlernen, den Norddeutschen, dann muß man zunächst einmal die ganze Palette seiner Landschaften erfahren.

Seen und Wälder, Inseln und Halligen, Städte und Fischerhäfen. Mosaiksteinen gleich, in sich abgegrenzt und unvermischbar und einer wie der andere unverzichtbar im bunten Ganzen.

Da sind die Dithmarscher zum Beispiel, die stolzen freien Bauern, ein eigenwilliges Volk für sich. In Nachbarschaft die Eiderstedter, desselben Ursprungs und doch mit anderem Stolz gepaart. Danckwert schon nannte sie „von Gemüte etwas hochtrabend, als ob andere nicht so edel wären als sie". Da sind die vergrübelt verschlossenen Friesen, über die Löns urteilte, man lerne sie nur kennen, wenn man „zehn Scheffel Salz mit ihnen gegessen habe". Sachsen, Jüten und Angeln hatten sich im 5. Jahrhundert gen Britannien aufgemacht, nach dem Abzug der Römer dort die Herrschaft zu übernehmen. Angeliter, Nachfahren der Zurückgebliebenen, haben einen eigenen Stolz. Freie Eigner ihres Grunds und Bodens sind sie geblieben, was sie immer waren: erst Angeliter, dann erst Schleswig-Holsteiner. Ein Reisebericht von 1845: „Die Angeliter Bauern sollen es in Aufwand und Luxus allen Bauern der Ostküste zuvortun und oft darin die Grenzen der Billigkeit überschreiten." Da sind auch noch die ärmeren Geestbauern vom sandigen Rücken des Schweinebacken-Landes. Ganz anders als alle anderen und ganz besonders auch diese: Die Probsteier, fast ein halbes Jahrtausend hindurch zum Kloster Preetz zugehörig und dennoch stets auf eigenem Grund. Da sind die gen Osten orientierten, weit gereisten Lauenburger. Die reichen insularen Fehmaraner, von fast sprichwörtlichem Stolz, und ganz gegensätzlich die weit abgelegenen, unberührt lebenden Helgoländer. Städter schließlich auch, im noch provinziellen Kiel, im weitblickenden Schleswig, im Weltmeere befahrenden Flensburg, im hanseatischen Lübeck, der Königin der Hanse überhaupt. In das Spektrum des Schleswig-Holsteiners müssen wir auch den weitverzweigten Adel hineindenken, der dem Jetzt traditionsbewußte Familien, bedeutende Geschichtsdaten und historische Bauten hinterlassen hat. Ein eigenes Kapitel der Geschichte schrieben die durchfahrenden Handelsleute und Handwerkenden. Spricht man von dem Ursprung des Schleswig-Holsteiners, so fallen einem Polaben und Abotriten ein, Cimbern und Teutonen, Tigurier und Ambronen, Jüten und Wenden und schließlich ein endloser Zug Ungenannter. Nach dem Krieg kamen die aus dem Osten noch dazu, eine Schicksalswoge, die eine Million Menschen mit verlorener Heimat ins Land spülte.

Spricht man von dem Ursprung des Schleswig-Holsteiners, so fallen einem Polaben und Abotriten ein, Cimbern und Teutonen, Tigurier und Ambronen, Jüten und Wenden und schließlich ein endloser Zug Ungenannter.

Bleibt man beim Betrachten dieser bunten Steinchen, ohne sich zugleich von der Landesgeschichte fesseln zu lassen, so erkennt man dennoch ein großes Ganzes voller Gegensätze und Spannungen. Ein Land, das uneinheitlich ist, in dem nichts für alle gleichzusetzen ist.

Das ist nicht anders im kulinarischen Bereich. Nichts ist und war gleich auf Tisch und Teller, alles ist und war stets anders als anderswo im Lande. Und dennoch immer richtig. Auch in der Küchenkunst bietet Schleswig-Holstein kein großes Einerlei, sondern für jede Landschaft ganz eigentümlich Besonderes. Von Angeliter Schnüsch oder Schnusch weiß man, von der Weinsuppe der Nordfriesen, den Dithmarscher sieht man Mehlbeutel servieren, den Lübecker sein National, Grütze auf der kargen Geest und Fleisch-Reiches auf Fehmarn. Die Küchenträume der Probsteier drängen sich ins Bild und Meeresköstliches an allen Küsten. Typisch norddeutsch alles – wie noch vieles mehr – und dennoch voller Varianten.

Auch in der Küchenkunst bietet Schleswig-Holstein kein großes Einerlei, sondern für jede Landschaft ganz eigentümlich Besonderes.

Folgende Doppelseite:
Schleswig-Holstein wurde von Holländern stark geprägt.

Friedrichstädter Krabbenröllchen (nach Art der Holländer)

Vorspeise
6 Personen

Teig:
3 Eigelb
$^1/_4$ l Milch
1 Prise Salz
150 g Mehl
3 Eiweiß
Butterschmalz zum Ausbacken

Füllung:
120 g entrindete, in Milch
eingeweichte Brötchen
$^1/_4$ l Sahne
2 Eiweiß
Salz
weißer Pfeffer
1 TL Weinbrand
$^1/_2$ TL Zitronensaft
180 g frisch ausgepulte Krabben

Soße:
250 g Krabben in der Schale
20 g Butter
2 cl Weinbrand
1 Handvoll geputztes
Suppengemüse
1 TL Tomatenmark
$^1/_2$ l Brühe
200 ccm Schmand oder
Sauerrahm
30 g kalte Butter

Teig: Eigelb, Milch und Salz gut verschlagen. Mehl unterrühren. Eiweiß sehr steif schlagen und gut unterheben. Hauchdünne Pfannkuchen in Butterschmalz ausbacken. Warmstellen.

Füllung:
Brötchenmasse mit Sahne und Eiweiß gut verrühren. Mit Salz, Pfeffer, Weinbrand und Zitrone würzen. Die frisch ausgepulten Krabben unterheben. Füllung kalt stellen.

Soße:
Krabben waschen. In der Schale mit Butter anschwitzen. Mit dem Weinbrand flambieren. Suppengemüse gewürfelt dazugeben. Tomatenmark unterrühren. Aufkochen. Mit der Brühe ablöschen. 15 Minuten bei kleiner Hitze köcheln lassen. Durch ein Sieb geben. Fond mit Schmand oder Sauerrahm aufschlagen. Kurz aufkochen. Vor dem Servieren die kalte Butter als Flocken unterrühren.

Friedrichstädter Krabbenröllchen:
Füllung auf den Pfannkuchen verteilen. Teig einschlagen und aufrollen. Bei 150 Grad 10 Minuten überbacken. Auf einem Soßenspiegel anrichten.

Eiderstedter Suppe
von dreierlei Fleisch

Dieses ist ein typisches Zwei-Teller-Gericht, wie es früher in vielen Gegenden Schleswig-Holsteins an Fest- und Feiertagen serviert wurde. Eine auf viel gutem Fleisch gekochte „Frische Suppe", zusätzlich angereichert durch allerlei Klöße, wird gleichzeitig mit einem zweiten Teller serviert: Das in der Brühe gekochte Fleisch wird, zusammen mit Kartoffeln und Soße, neben der Suppe gegessen.

Gefülltes Suppenhuhn:

Suppenhuhn gut vorbereiten und waschen. Mit Salz und Pfeffer ausstreuen. Brotfüllung zubereiten: Butter und Eigelb schaumig rühren. Semmelbrösel und die blanchierte, in Würfel geschnittene Zwiebel dazugeben. Mit Salbei, Salz und Pfeffer würzen. In das Suppenhuhn stopfen. Zunähen.

Suppenhuhn mit Wasser bedecken und zum Kochen bringen. Bei kleiner Hitze 60 Minuten köcheln lassen.

Die Brühe mit dem Suppenhuhn muß häufig abgeschäumt werden. Rindfleisch und Lammfleisch waschen, zum Suppenhuhn geben. Einmal aufkochen lassen. Bei geringer Hitze weitere 60 Minuten köcheln lassen. Häufig abschäumen.

Suppengemüse putzen und zusammenbinden. Zusammen mit der Zwiebel und der Knoblauchzehe in die Brühe geben. Weitere 30 Minuten köcheln lassen. Fleisch prüfen, ob es gar ist. Herausheben und warm stellen. Brühe durch ein Sieb geben. Gemüse putzen und kleinschneiden. In der Brühe 12–15 Minuten garziehen lassen.

Die gewaschenen Rosinen in die Suppe geben. Mit Salz und Pfeffer würzen. Nach Geschmack Safran zum Färben und Würzen dazugeben.

Fortsetzung Seite 68

Hauptgericht
6–8 Personen

1 kleines Suppenhuhn
Salz
Pfeffer

Brotfüllung für das Huhn:
40 g Butter
1 Eigelb
100 g Semmelbrösel
1 mittelgroße Zwiebel
1 TL Salbei
Salz
Pfeffer

750 g Beinfleisch vom Rind
1000 g Querrippe vom Rind
750 g Nackenfleisch vom Lamm

2 Bund Suppengemüse
1 Röstzwiebel
1 Knoblauchzehe

200 g Mohrrüben
200 g Sellerie
200 g Porree
200 g Petersilienwurzel
1 kleiner Blumenkohl

200 g Rosinen
Salz
Pfeffer nach Geschmack
1 Prise Safran

Folgende Doppelseite:
Eiderstedter Suppe von dreierlei
Fleisch

Als Einlage für die Suppe gibt es zusätzlich:
Fleischklößchen:
Sämtliche Zutaten mit der Hand zu einem geschmeidigen Teig verarbeiten. Mit dem Mokkalöffel kleine Klöße abstechen, rundrollen, in Salzwasser 4–5 Minuten garziehen lassen.
Grießklößchen:
Milch mit Butter, Salz und Muskat zum Kochen bringen. Vom Herd nehmen. Grieß hineinschütten, einmal aufkochen lassen. Unter ständigem Rühren zum Kloß abbrennen. Vom Herd nehmen. Nach und nach die Eier gut unterschlagen. Ausquellen lassen. Brühe zum Kochen bringen. Klöße mit dem Mokkalöffel abstechen. In der Brühe 4–5 Minuten garziehen lassen.
Die Eiderstedter Suppe wird mit dem kleingeschnittenen Gemüse, den Fleischklößchen und den Grießklößchen serviert.

Gleichzeitig wird ein zweiter Teller eingedeckt. Auf einer Platte serviert man das aus der Brühe herausgehobene, dekorativ angeschnittene Fleisch. Dazu gibt es Salzkartoffeln, reichlich mit frisch gehackter Petersilie bestreut, und warme Meerrettichsoße.
Meerrettichsoße: Fett auslassen, Mehl darin anschwitzen, mit der Fleischbrühe ablöschen. Glattrühren. Sahne dazugeben und ebenfalls gut ausrühren. Mit Meerrettich, Zitronensaft, Zucker und Salz sehr würzig abschmecken. Direkt vor dem Servieren gießt man die ausgelassene Butter oben auf die Soße.

Variante:
Die Suppe mit den reichhaltigen Einlagen kann auch als Einzelgericht serviert werden. Das Fleisch gibt es dann am Folgetag als Hauptgericht.
Zweite Variante:
Die Suppe kann als klare Brühe, ohne Gemüseeinlage, lediglich mit Klößchen, serviert werden. Dazu gibt es vom zweiten Teller Fleisch, Kartoffeln, Soße und das in der Brühe gegarte Gemüse.
Dritte Variante:
Die Brühe schmeckt auch gut, wenn sie nur auf Rind gekocht wird.

Fleischklößchen:
250 g gemischtes Hackfleisch
1 Ei
1 kleine Zwiebel (feingewürfelt)
1 EL Semmelmehl
Salz
Pfeffer

Grießklößchen:
$\frac{1}{4}$ l Milch
60 g Butter
1 Prise Salz
1 Prise Muskat
120 g Grieß
3 Eier
Brühe zum Abkochen

Meerrettichsoße:
40 g Fett
35 g Mehl
$\frac{1}{4}$ l von der Fleischbrühe
$\frac{1}{4}$ l Sahne
$\frac{1}{2}$ Stange frischgeriebener Meerrettich
etwas Zitronensaft
1 Prise Zucker
Salz
1 EL ausgelassene Butter

Beilage:
Salzkartoffeln

Ich laß Dich nicht

Eigelb und Zucker sehr schaumig schlagen. Zitronenschale, Zitronen- und Orangensaft dazurühren. Gut durchschlagen. Weißwein und Rum unterrühren. Gelatine in kaltem Wasser einweichen, ausdrücken, auflösen und unter die Speise geben. Kühl stellen. Sobald die Creme beginnt, steif zu werden, wird die sehr steif geschlagene Sahne untergehoben. Speise in eine Schüssel oder in Portionsschalen geben. Auskühlen lassen. Vor dem Servieren mit sehr süß geschlagener steifer Sahne verzieren.

Nachspeise
6 Personen

5 Eigelb
125 g Zucker
2 TL Vanillezucker
abgeriebene Schale von
1 unbehandelten Zitrone
180 ccm frisch ausgepreßter
Orangensaft
4 EL Zitronensaft
$^1/_8$ l trockener Weißwein
2 EL Rum
5 Blatt weiße Gelatine
$^1/_4$ l Sahne
$^1/_4$ l Sahne für die Garnierung
Zucker

Folgende Doppelseite:
Krabben – eine Köstlichkeit aus
der Nordsee

Vom gastfreundlichen Dithmarscher

Dithmarschen ist ein Land, „da man sich aussaufen und ausfressen muß" – so wird seit altersher erzählt, ein freies Bauernland und ein reiches noch dazu.

Dithmarschen ist ein Land, das allüberall vom Raunen der Geschichte erfüllt ist. Immer ist es im Kern die Geschichte von der Freiheit. Die Geschichte der freien Bauernrepublik und Jahrhunderte während Kämpfe gegen jedwede Feinde und Unterdrückung. Geschichten von „langen, starken Männern", denen Ehre, Freiheitsstolz, Rechtssinn, Mut und Tapferkeit über allem standen, und von sich mutig wehrenden Frauen. Geschichten von männermordenden Schlachten und unglaublichen Grausamkeiten gegen jedermann. Auch nach der Unterwerfung 1559 behielt Dithmarschen Privilegien wie keiner sonst. Andauernde Freiheit von jeder Gutsherrschaft, ein eigenes Landrecht, Gewerbefreiheit und vieles mehr. Mithin ein inneres Staatsgefüge, aus dem außergewöhnliche Lebensformen erwuchsen. Nach der mittelalterlichen Fügung der Korporationen, der „Geschlechter"-Teilung, der zusammengeschworenen Siedlungs- und Verteidigungsbünde also immer noch ein sich frei gebärdender Bauernstand. Selbstbewußtsein basierte darauf, auch auf den „gott-gesegneten Böden" ihres Landes, auf frühem Wohlstand, auf zeitig hochstehender kultureller Gesinnung. Wohlstand bezeugt sich in sächlichen Dingen wie den beachtlichen Dithmarscher Bauten, auch dem Meldorfer Dom, aber auch in der frühen Möbelkultur, in hoher Silber- und Goldschmiedekunst, in wohlständiger Tracht. Nicht umsonst schreibt Neocorus, der Büsumer Geistliche Johann Adolf Köster, Ende des 16. Jahrhunderts in seiner „Chronik des Landes Dithmarschen": „Ditmarsen, dat schölen Buren sin? It mögen wol wesen Heren!"

Zu den Besonderheiten, die das außergewöhnliche Miteinander der Dithmarscher mit sich brachte, gehörte die intensive Gastfreundschaft gegen Freunde und Fremde. Insbesondere bei den im 16. Jahrhundert berühmt gewordenen Dithmarscher Mahlfeiern. Schon im Alltag war man gern gastfrei – um so mehr bei größeren Anlässen. Mahlfeiern boten immer Gelegenheit zu engster Gemeinschaft zwischen den Menschen, nach altem Glauben auch zwischen Mensch und Gott. „Gast im Haus heißt Gott im Haus", so heißt es heute noch im Osten. Für die alten Dithmarscher galt „Weh dem Haus, in das keine Gäste einkehren". Reichlich und kräftig ging es bei

Dithmarschen ist ein Land, das allüberall vom Raunen der Geschichte erfüllt ist. Immer ist es im Kern die Geschichte von der Freiheit.

den Mahlfeiern zu, nicht unbedingt aufwendig. Aber der Fremdling wurde hofiert, genötigt zu Speis und Trank und herzlich in der Runde aufgenommen. Oft gab es frisches oder geräuchertes Fleisch, auch geräucherten Fisch – alles stets in Mengen bevorratet in wohlhabenden Dithmarscher Häusern. Dazu aß man gern getrocknete, gekochte Bohnen, die gesalzen waren und aus der Hand verzehrt wurden. Früh verstanden sich die Dithmarscher Hausfrauen auf die Zubereitung köstlicher Milchprodukte, außerdem blühte bereits der Kohlanbau, und auf den Wiesen standen Schafe. Vor den Küsten fischte man allerlei Meeresgetier. Als Getränk hatte man hausgebrautes Bier.

Wichtig und von höchster Bedeutung war bei den Mahlfeiern das Ritual der Bewillkommnung. Sinnerfüllt gepflegt durch Generationen. Die Hausfrau, die das Essen selbst zurichtete, begrüßte u. a. nach dem Mahl jeden Gast mit Handschlag und trank ihm aus einer noch unbenutzten Eschenschale zu. Mit frischgezapftem, hausgebrautem Bier. Dabei genossen die Eschenschalen ein hohes Ansehen – mehr noch als die silbernen und goldenen Trinkschalen, die bei großen Feierlichkeiten allgemein üblich waren. Aus dem schlichten, aus Eschenholz gedrehten Trinkgefäß konnte der Wohlhabende dem Armen das Willkomm zutrinken, ohne ihn dabei durch Reichtum zu beschämen. Für das Miteinander der Dithmarscher eine notwendige Haltung von hohem Symbolwert. Mit guten Wünschen für die Gastgeber und selbst bestens versorgt, verließ der Fremde nach Tagen das Haus – zum Nachbarn geleitet, wo sich für einen oder mehrere Tage dasselbe Zeremoniell der Gastlichkeit wiederholte.

Selbstbewußte Dithmarscher stört es zuweilen, daß man die Küche ihres „gottgesegneten" Landes gern auf jenen großen Mehlkloß reduziert, der, im Tuch gekocht, als „Dithmarscher Mehlbüdel" in die kulinarische Geschichte eingegangen ist. Selbstbewußte Dithmarscher berichten mit Stolz vom größten geschlossenen Kohl-Anbau-Gebiet der Bundesrepublik, von den besten Nordseekrabben und frischem Nordseefisch, der direkt angelandet wird, von besten Lämmern auf den Weiden und einer alljährlich unglaublich erfolgreichen Jagdstrecke. Ein Land also, in dem man sich wahrlich „aussaufen und ausfressen muß", in dem das überreiche Rohmaterial direkt vor der Haustür dazu verlockt, den Brauch der guten alten Dithmarscher Gastlichkeit weiter zu pflegen.

Früh verstanden sich die Dithmarscher Hausfrauen auf die Zubereitung köstlicher Milchprodukte, außerdem blühte bereits der Kohlanbau, und auf den Wiesen standen Schafe.

Folgende Doppelseite:
Wirsingkohl-Rouladen mit
Krabbenfüllung

73

Friedrichsköger Buttsuppe

Vorspeise
4 Personen

Buttsuppe:
20 g Butter
50 g Zwiebel
70 g heller Porree
70 g Fenchel
50 g Sellerie
50 g Mohrrüben
$1/8$ l trockener Weißwein
$3/4$ l Schinkenknochenbrühe
1 zerdrückte Knoblauchzehe
Salz
1 Msp. Safran
1 Msp. weißer Pfeffer
1 TL Basilikum
1 TL Dill
1 TL Kerbel
1 Prise Thymian
1 Lorbeerblatt
500 g Schollenfilets
60 g Backpflaumen ohne Stein
60 g getrocknete Apfelscheiben

Butterklüten:
60 g Butter
1 Eigelb
2 Eier
85 g Mehl
1 Prise Salz
1 Prise Muskat

Buttsuppe: Butter erhitzen. Die feingewürfelte Zwiebel darin glasig rösten. Das in feine Würfel geschnittene Gemüse dazugeben. Mit Weißwein ablöschen und mit Schinkenknochenbrühe angießen. Gewürze und Kräuter hinzufügen. Bei kleiner Hitze 10 Minuten köcheln lassen. Schollenfilets gut säubern und in die Suppe legen. Backpflaumen und Apfelscheiben (eventuell vorher einweichen) in kleine Stücke schneiden und in die Suppe geben. Noch 5–8 Minuten köcheln lassen.

Butterklüten:

Butter schaumig rühren. Die restlichen Zutaten gut unterrühren. Kleine Klöße mit dem Teelöffel abstechen und in Salzwasser garen.

Buttsuppe im tiefen Teller mit den Butterklüten servieren.

Wirsingkohl-Roulade mit Krabbenfüllung

Hauptgericht
4 Personen

Krabbenfüllung: Butter in der Pfanne auslassen, Zwiebel in feine Würfel schneiden und darin glasig schwitzen. Weißbrot mit Eiweiß und Sahne einweichen. Krabbenfleisch, Hecht, die ausgebratene Zwiebel und das eingeweichte Weißbrot im Kühlschrank 1 Stunde durchkühlen lassen. Zusammen mit den Gewürzen nach und nach – in kleinen Mengen – schnell pürieren. Dill hacken und unter die Farce geben. In Eiswasser glattrühren.

Krabbenfüllung:
25 g Butter
1 kleine Zwiebel
60 g Weißbrot ohne Rinde
1 Eiweiß
150 g Sahne
300 g Krabbenfleisch (davon 50 g wegstellen für die Garnitur)
150 g Hecht (ohne Haut und Gräten)
1 Bund Dill
1 Msp. Salz
1 Prise weißer Pfeffer
1 TL Zitronensaft abgeriebene Schale von 1/2 Orange
1 Prise Muskat
1 Hauch von Knoblauch

Kohl-Roulade:
8 große Wirsingkohlblätter lösen, in Salzwasser blanchieren, in Eiswasser abschrecken. Rippen keilförmig herausschneiden. Mit Salz und Pfeffer würzen. Krabbenfüllung auf die Blätter geben, Kohl zur Roulade rollen, in einen ausgebutterten Römertopf geben. Brühe angießen. Bei 175 Grad etwa 35–40 Minuten schmoren.

Kohl-Roulade:
1 mittelgroßer Wirsingkohl
1 Msp. Salz
1 Prise weißer Pfeffer
Butter für die Form
1/2 l Geflügelbrühe

Meerrettichsoße:
Butter erhitzen, Mehl darin durchschwitzen. Mit Milch und Fleischbrühe ablöschen. Zu einer sämigen Soße kochen. Mit Salz, Zucker und Zitronensaft abschmecken. Feingeriebenen Meerrettich unterrühren. Noch einmal erhitzen.

Die Wirsingkohl-Roulade wird mit frischem Dill und Krabbenfleisch dekoriert. Dazu gibt es Salzkartoffeln und die Meerrettichsoße.

Meerrettichsoße:
40 g Butter
30 g Mehl
1/4 l Milch
1/4 l Rindfleischbrühe
1 kleine Stange Meerrettich
1 Prise Salz
1 Prise Zucker
wenig Zitronensaft

Dithmarscher Mehlbüdelchen

Nachspeise
4 Personen

40 g durchwachsener Speck
2 Eier
1 Prise Salz
185 ccm Milch
185 g Mehl
1 Prise Kardamom
65 g Rosinen
Schinkenknochenbrühe
zum Abkochen

Fruchtsoße oder Früchtepüree
als Beilage

Speck sehr fein würfeln und ausbraten. Eier mit Salz verschlagen, Milch dazugeben, gut verrühren. Mehl zusammen mit den Speckwürfeln und mit Kardamom unterschlagen. Rosinen waschen. Schinkenknochenbrühe zum Kochen bringen. Vier nicht zu kleine Taschentücher (oder Leinentücher) durch kochendes Wasser ziehen und ausdrücken. Tücher in kleine Schüsseln legen. Vertiefung mit Mehl ausstreuen. Rosinen in die Mitte geben. Teig einfüllen (nur eine kleine Kelle voll). Tuch locker über dem Teig zusammenbinden. Beutel in die kochende Brühe geben. Bei mittlerer Hitze 25–35 Minuten mit geschlossenem Deckel garen lassen. Herausheben und 3–5 Minuten ruhen lassen. Aus dem Tuch lösen. Heiß servieren mit ausgelassener Butter und Zucker und Zimt.
Man ißt dazu eine jahreszeitlich typische Fruchtsoße oder ein frisches Früchtepüree (z. B. von Erdbeeren, Sauerkirschen oder Himbeeren).

Vom Wal bis zum Hering

„Der Schiffahrt nach Grönland ehemals sehr kundig, wo er durch unglaublichen Erfolg 373 Walfische gefangen, so daß er nach dem Urtheil aller den Namen ‚der Glückliche' erlangte." So ist noch heute zu lesen auf dem Grabstein des „glücklichen Matthias", des erfolgreichsten Walfängers aller Zeiten. Von 1632 bis 1706 hat er gelebt.

Die Jagd auf den Wal war durch Jahrhunderte ein wesentlicher Broterwerb im Norden. Seit 1642 beteiligten sich deutsche Walfänger an dem lukrativen Geschäft. Den größten Anteil neben Altona hatten die Glückstädter Walfänger. Ein stolzes, prächtiges Bild bot der Hafen, wenn in der Glanzzeit alljährlich die 17 Grönlandschiffe der eigenen Flotte und die vielen aus der Umgebung im Hafen vor dem gemeinsamen Aufbruch versammelt waren. 1863 endete das goldene Kapitel der Walfängerzeit mit der letzten Fahrt des Glückstädter „Kleinen Heinrich". Zitat des Kommandanten Christian Meyn: „De Grönlandfahrt hett keenen Zweck mehr. De Norweger baut Dampers, un wi hinkt mit uns hölten Pütt immer achterna!" Insgesamt 525 Male war man von Glückstadt aus gefahren – man verwertete alles, was der Wal brachte, und erntete großen Reichtum. Ein ausgewachsener Grönland-Wal war 18-22 Meter lang, an der dicksten Stelle hatte er einen Umfang von 11–15 Metern, er wog etwa 3000 Zentner und lieferte – das war das Wichtigste – knapp 200 Hektoliter Tran. Das Fleisch wurde teuer als Delikatesse verkauft. Bis in die jüngste Zeit. Der Speck wurde in Tranbrennereien verkocht – besten Tran nutzte man für Heil- und Speisezwecke, der schlechteste reichte immer noch für Tranfunzeln. Sogar die Barten brachten Geld, sie dienten für Mieder- und Schirmversteifungen. Die riesigen Walknochen, vor allem die meterlangen Kinnbackenknochen, stellte man paarweise als Tore auf, mancher soll sogar Ständer und Sparren für sein Haus aus Walfischknochen gebaut haben.

Zur Überraschung aller trieb es immer mal einen Wal bis an norddeutsche Küsten. 1659 wurde sogar einer vor Blankenese gefangen, was einen zeitgenössischen Chronisten schreiben ließ: „Die Bedeutung dieses an diesem Ort ungewöhnlichen Fischfanges ist wohl nur dem lieben Gott bekannt." 1742 landete ein Butzkopf in Heiligenhafen, 1801 einer in Möltenort, 1863 fing man in Travemünde einen Wal, kürzlich erst schwemmte die Nordsee einen auf Föhr an.

Die Jagd auf den Wal war durch Jahrhunderte ein wesentlicher Broterwerb im Norden. Seit 1642 beteiligten sich deutsche Walfänger an dem lukrativen Geschäft.

79

Der Wal brachte den Wohlstand. Auch den Glückstädtern. Als er ausblieb und sich die Fahrten zum Robbenschlag vor Grönland auch nicht mehr lohnten, da setzte man auf den Stör. Vor allem im vorigen Jahrhundert tummelten sich die knochengepanzerten Riesen in unvorstellbarer Menge in Elbe und Eider. Alljährlich wurden 2–3000 dieser „Herrenfische" angelandet. 300-Pfünder mit etwa 30 Pfund Kaviar waren durchaus normal, Prachtexemplare brachten es auf 4–500 Pfund Lebendgewicht. Zeitweilig waren das Störfleisch und die durchaus noch nicht als Delikatesse geltenden kleinen Kügelchen nicht einmal abzusetzen. Was dazu führte, daß Störfischer und ihre Familien im Überfluß davon essen mußten. Die sogenannte „Kökschenverordnung" spricht für sich, die vielzitierte Vorschrift, daß man dem Hauspersonal nicht häufiger als 2-3 Male pro Woche Störfleisch vorsetzen dürfe. In den 30er Jahren des letzten Jahrhunderts blieb der Stör aus. Die Fischer suchten nach neuem Fang. Nach den Großen kamen nun die Kleinen. Auch für die Glückstädter. Die Heringe, silberglänzend, zu allen Zeiten in großen Schwärmen auch in unsere Förde und Flüsse gedrängt, wurden versilbert. Ein Fisch, der jahrhundertelang Bedeutung für die Schleswig-Holsteiner hatte. Schon 1200 schrieb der Chronist Saxo Grammaticus: „Der ganze Meeresarm füllt sich gewöhnlich so mit Fischen, daß manchmal die Schiffe feststehen und kaum mit angestrengtem Rudern herauszubringen sind und die Beute nicht mehr mit einer künstlichen Vorrichtung gefangen, sondern ohne weiteres mit der Hand gegriffen wird." Von Heringsschwärmen in den Förden und im Kanal wird auch bis ins letzte Jahrhundert noch berichtet, daß man sie mit Schaufeln oder bloßen Händen eingesammelt habe.

Der Hering, den schon Friedrich II. von Preußen als tägliche Kost auf die fürstliche Tafel befahl, der Hering, den schon Bismarck zur Delikatesse hochlobte, er verschaffte den Glückstädtern auf besondere Weise Ruhm. Waren die Holländer die ersten, die vor Jahrhunderten den Handel mit dem Hering betrieben und solches auch die gen Norden ziehenden Friesen lehrten, so waren sie auch die eigentlichen „Erfinder" jener Delikatesse, mit der in Glückstadt alljährlich der Sommer eingeläutet wird. Der Matjes, die Glückstädter Herings-Spezialität, für die sich ein Umweg an die Elbe lohnt. Matjes, die jungfräulichen Heringe, die noch vor ihrer ersten Laichzeit gefischt und sofort auf See fachmännisch gekehlt und in milder Salzmenge in Tonnen verpackt werden. Der rechte Schnitt,

Der Hering, den schon Friedrich II. von Preußen als tägliche Kost auf die fürstliche Tafel befahl, der Hering, den schon Bismarck zur Delikatesse hochlobte, er verschaffte den Glückstädtern auf besondere Weise Ruhm.

das kleine Endchen vom Darm, das bleiben muß, die Fermentierung während des Transportes über See, die nicht zu starke Salzmenge – das sorgt für Zartheit und besonderen Geschmack und den für Gourmets immensen Unterschied zum kräftigen Heringsbruder, dem Salzhering. Und der klug gewählte Zeitpunkt des Fischens, wenn die jungen Heringsdamen sich die ersten Fettpölsterchen auf ihre Gräten gefuttert haben – das macht den feinen Unterschied aus zwischen dem, was der Kenner als Glückstädter Matjes schätzt und dem, was die holländischen Lehrmeister in ihre Kantjes, die hölzernen Fässer und Tonnen stapeln. Für hohe Qualität sorgten in alten Zeiten Probiermeister und Körmeister – heute ist es Sache der Küchenmeister und der erfahrenen Hausfrauen, die frühsommerliche Heringsspezialität zu einer Gaumenfreude werden zu lassen. Dabei darf dieses nicht verschwiegen werden: Es gibt zwar immer noch große Heringsschwärme in Nord- und Ostsee – die Loggerfischerei aber ist in Glückstadt nicht mehr zu Hause. Der letzte Hafen, in dem Heringslogger beheimatet waren, hat nach dem Wal und dem Stör auch den kleinen Anverwandten verloren. Die Heringsfischerei hat kapitulieren müssen unter den politischen und wirtschaftlichen Zwängen, die die vergangenen Jahrzehnte gebracht haben. Aber herbeigerollt werden die Köstlichkeiten aus dem Faß auch heute noch, auf Glückstädter Art gefischt, gekehlt, eingetonnt und fermentiert – und schließlich auf vielfache Weise gar köstlich serviert. Im Frühsommer vor allem im typisch harmonischen Dreiklang: mit den Frühkartoffeln aus den „Wildnissen" rund um Glückstadt und mit den jungen grünen, mit krossem Speck verwöhnten Bohnen. Wer's mag, der denkt sich in den Wochen der zarten Heringsjungfrauen noch vielerlei mehr dazu aus.

Der letzte Hafen, in dem Heringslogger beheimatet waren, hat nach dem Wal und dem Stör auch den kleinen Anverwandten verloren.

Folgende Doppelseite:
Aus jungfräulichem Hering wird
der zarte Matjes gemacht.

Buttermilchsuppe mit Kochwurst

Vorspeise
4 Personen

1 l Buttermilch
$^1/_8$ l Sahne
1 Eigelb
Saft von 1 Zitrone
Schale von einer halben
unbehandelten Zitrone
4 geh. EL Zucker
2 gestr. TL Stärkemehl
1–2 Kochwürste (Kohlwurst,
Mettenden)

Nach Geschmack Butterklüten
(s. S. 76)
oder Schwemmklöße (s. S. 204)

Sämtliche Zutaten außer der Wurst sehr gut miteinander verrühren. Unter ständigem Rühren zum Kochen bringen. Vom Herd nehmen. Die in Scheiben geschnittene Kochwurst hineingeben und bei kleinster Hitze ziehen lassen. Heiß servieren.

Ein Tip:
Nach altem schleswig-holsteinischem Brauch kann man in die Suppe zusätzlich Butterklüten oder Schwemmklöße geben.

Matjes mit Rote-Bete-Soße und grünen Bohnen

Matjes – falls notwendig – filetieren. Nach Bedarf und Einkauf (danach sollte man sich erkundigen) 20 Minuten unter fließendem Wasser wässern.

Soße:

Sahnejoghurt, Mayonnaise, Sahne und Wein gut verrühren, Gewürze dazugeben. Rote Bete in kleine Würfel schneiden und vorsichtig unterheben. 2 hartgekochte Eier würfeln und unterheben. Soßenschale mit der Knoblauchzehe ausreiben. Soße einfüllen. Mit dem restlichen Ei und dem Schnittlauch garnieren.

Grüne Bohnen:

Bohnen waschen, brechen und in Salzwasser garen. Sie müssen „Biß" behalten. Speck sehr fein würfeln. Ausbraten und über die Bohnen geben. Umheben, sofort servieren.

Kartoffeln:

Die Kartoffeln werden geschabt oder gebürstet und mit reichlich Wasser – je nach Größe – 15–20 Minuten gegart. Salz und Kümmel ins Kochwasser geben. Kartoffeln abgießen. Wenn sie ganz jung sind, kann man die Schale mitessen. Matjes, Soße, Bohnen und Kartoffeln werden getrennt serviert.

Hauptgericht
4 Personen

12 Glückstädter Matjes-Filets
oder 6 ganze Matjesheringe

Soße:
250 g Sahnejoghurt
100 g lose Mayonnaise
200 g Sahne oder Crème fraîche
Salz
Pfeffer
1 Spritzer Worcestersauce
2 EL Weißwein
1 $\frac{1}{2}$ geh. EL Meerrettich
aus dem Glas
330–350 g Rote Bete
aus dem Glas
3 hartgekochte Eier
1 Bund Schnittlauch
1 Knoblauchzehe

Grüne Bohnen:
500 g frische grüne Bohnen
150 g durchwachsener Speck

1 kg neue Glückstädter
Kartoffeln
Salz
Kümmel

Folgende Doppelseite:
Matjes mit Rote-Bete-Soße und
grünen Bohnen

Verschleierte Fortuna (nach Art des Verschleierten Bauernmädchens)

Knäckebrot mit den Fingern zerbröckeln. Eierlikör unterrühren. Mandeln in Butter anrösten und zum Knäckebrot dazugeben. Stachelbeeren abtropfen lassen und ebenfalls unterheben. Diese Mischung in eine Glasschale oder in Portionsgläser füllen. Sahne mit dem Zucker steif schlagen und über der Speise verteilen. Schokolade raspeln und obenaufstreuen.

Ein Tip:
Wer auf den Eierlikör verzichten möchte, nimmt statt dessen Stachelbeerfond (12 cl). Wer keine Angst vor dem „verschleierten" Alkohol hat, gibt zum Abschluß noch ein paar Tropfen Grand Marnier darüber.

Nachspeise
4 Personen

8 Scheiben Vollkorn-Knäcke
12 cl Eierlikör
50 g Mandeln gehobelt
etwas Butter
etwa 400 g eingekochte
Stachelbeeren
200 ml Sahne
2 TL Vanillezucker
150 g bittere Schokolade

Von allerlei Früchten

„Die Äpfel, welche uns aus dem Paradiese verdammt haben sollen und in den Mythen aller Völker eine große Rolle spielen, gehören zu den nützlichsten, vielfachst verwendbaren und gesundesten Früchten. Sie gedeihen in fast jedem Klima und spielen in der Hauswirtschaft eine große Rolle."

So wurde es einer Hausmutter noch vor eineinhalb Jahrhunderten ins Hausbuch geschrieben. Sieht man Rezeptsammlungen voriger Jahrhunderte durch, so fällt die Vielfalt auf, die sich unter dem Stichwort Apfel aneinanderreiht – gekocht, gebacken, gebraten, als Füllung, als Beilage – auch als Getränk war der Apfel zu verwerten.

Kaiser Karl der Große soll den Apfel als Kulturpflanze in den Norden gebracht haben. In allen seinen Provinzen, auch in Grenzgebieten, ließ er Gärten anlegen und pflegen. Die alt-römischen Gartenanlagen mögen ihm ein Vorbild gewesen sein. Dabei ging es ihm wohl weniger um die Schönheit der Pflanzen. Der Anbau, den er anordnete, richtete sich stets nach dem Nutzen der Früchte oder Blüten für Heil- oder Nahrungszwecke. Äpfel, Birnen, Pflaumen und Kirschen gehörten dazu. Bis heute sind sie die wichtigsten Obstsorten in Schleswig-Holstein geblieben. Vor allem der Apfel, 40 000 Tonnen etwa wachsen hier jährlich auf den Bäumen.

Im Mittelalter soll es Dutzende von Apfel- und Birnensorten im Norden gegeben haben. Anfang des 19. Jahrhunderts werden von Pomologen 25 Apfelsorten, 25 Birnensorten, 10 Kirschsorten und 10 Pflaumensorten nachgewiesen.

Eine Apfelsorte vor allem kam zu Ruhm. 1845 schreibt J. Kohl in seinem Reisebericht: „Auch sind diese Gegenden für den Pomologen interessant, weil hier nach Norden hin die letzte ausgezeichnete Apfelart vorkommt und sehr verbreitet ist, nämlich der Gravensteiner Apfel. Man erzählte mir, ein Vorfahr des Gottorfer Herzogs habe die ersten Pflanzen dieser Äpfelgattung aus Italien gebracht, sie hier im Gravensteiner Garten angepflanzt, und es sei daraus die in Rußland und auch anderwärts so beliebte Fruchtgattung hervorgegangen. Sie ist ein nicht unbedeutender Ausfuhrartikel geworden. Besonders gern hat man sie in Petersburg an der kaiserlichen Tafel. Dahin geschehen die meisten Versendungen."

Solchem Export von Äpfeln standen importierte Genüsse gegenüber. Schon im 16. Jahrhundert ließ man sich bei Hofe Pfirsiche, Weintrauben und Apfelsinen schicken. Über See

Kaiser Karl der Große soll den Apfel als Kulturpflanze in den Norden gebracht haben.

Folgende Doppelseite:
Äpfel und Birnen sind wichtiger Bestandteil der Speisen im Norden.

kamen die fremdländischen Obstsorten für besondere Gelegenheiten, auch Granatäpfel waren schon bekannt.

Als Ende des vorigen Jahrhunderts das Interesse am Obstanbau im Norden zu erlahmen drohte, setzte man Experten ein. Da gab es zum Beispiel amtlich bestallte „Wanderlehrer für Obstbau", die durch das Land zogen und durch „Ausbildung von Baumwärtern, durch Rat-Erteilen und durch Halten von Vorträgen" für die Förderung des Obstanbaus sorgten. Es wurde auch Sitte, daß man den Konfirmanden einen Obstbaum, mit Vorliebe einen Apfelbaum, schenkte, um bereits bei der Jugend an die Zukunft zu denken.

Die überlieferte schleswig-holsteinische Küche beweist, wie wichtig der Apfel war. In vielerlei Gerichten und Gestalt taucht er auf. Der Birne geht es ähnlich. Ob als Zutat zum Eintopf – wie bei Birnen-Bohnen-Speck – oder in der Mehlspeise – wie beim Abenkater und bei Birnen im Teig – oder als Nachspeise, auch als Gebäck, sie gehört einfach dazu. Ebenso die Pflaume, häufig gedörrt, wie ohnehin das Backobst der Hausfrau über das ganze Jahr half. Wichtig und köstlich war schließlich auch noch die Kirsche, vor allem, wenn es um Rote Grütze ging.

Nur eine Obstsorte gilt noch mehr im Lande als diese Kulturpflanzen – und das nicht nur auf dem Speiseplan, sondern wesentlich auch im Brauchtum. Das ist die Fliederbeere oder ihre Blüte, die Holunderblüte. Seit vor über zwei Jahrhunderten die Feldgemeinschaften und der Flurzwang aufgehoben wurden und jeder Bauer sein eigen Grund und Boden erhielt, entstand das typisch schleswig-holsteinische Landschaftsbild. Die Knicklandschaft. Würde man die kilometerlangen Wallhecken aneinanderreihen, so reichten sie einmal um die Erde. Viel Platz für den Hollerbusch, den Fliederbusch – wie auch für manch anderes Buschwerk, das als Windschutz gilt. Die im Norden so verbreiteten abergläubischen Spökenkieker haben den Holunder zu einem Orakel- und Schutzbaum gemacht. Gesichert ist, daß Blüten und Früchte vielfach als natürliche Heilmittel eingesetzt wurden. Typisch aber sind im Norden auch die Suppen, Soßen und Säfte aus Holunderblüten und Fliederbeeren. „Gesunde, billige Volksnahrung", die vor allem in Notzeiten empfohlen wurde.

Möweneier auf Brunnenkresse-Salat

Die Spitzen der Brunnenkresse werden gewaschen und durch die zusammengerührte Kräutermarinade gezogen. Kresse als Nest auf einem Teller anrichten. Schmand oder Sauerrahm mit den frisch gehackten Gartenkräutern verrühren, in die Mitte der Brunnenkresse geben. Möweneier 12–15 Minuten kochen, abschrecken, abpellen und halbieren. Auf den Kräuterschmand legen. Spargelspitzen kurz in kochendes Wasser tauchen, in Eiswasser abschrecken, dann fünf Minuten in die Kräutermarinade legen, abtropfen lassen, dekorativ auf dem Salat anrichten. Tomate kurz in kochendes Wasser tauchen, kalt abschrecken, häuten, entkernen. Das Fruchtfleisch in kleine Würfel schneiden. Zusammen mit den frischen Kerbelzweigen als Dekoration benutzen.

Ein Tip:
Möweneier dürfen im Frühjahr nur bis zum 15. Juni gesammelt werden. In anderen Jahreszeiten kann man sie durch Wachteleier ersetzen. Wenn Brunnenkresse nicht vorrätig ist, kann man Gartenkresse nehmen.

Vorspeise
4 Personen

1 Bund Brunnenkresse
50 ccm Kräutermarinade
(2 EL Essig, 6 EL Salatöl, 1 feingehackte Schalotte, Salz, Pfeffer, Zucker)
2 EL Schmand oder Sauerrahm
1 geh. EL frisch gehackte Gartenkräuter (Petersilie, Schnittlauch, Kerbel, Basilikum)
6 Möweneier
12 Spargelspitzen
1 große Tomate
frischer Kerbel

*Folgende Doppelseite:
Möweneier auf Brunnenkresse-Salat*

Feines vom Husumer Mastkalb

Hauptgericht
4 Personen

Fond und Soße:
1 kg Kalbsknochen
1 Bund Suppengemüse
1 kleine Zwiebel
1 Lorbeerblatt
1 Nelke
150 ccm Sahne
100 g Butter
Salz

Feines vom Kalb:
200 g Kalbsbries im Stück
160 g Kalbsniere im Stück
4 Kalbsmedaillons à 100 g
Öl
Salz
Pfeffer
1 Ei

Vollkornnudeln und Gemüse
als Beilage

Kalbsknochen kurz abbrühen. Gut mit Wasser bedecken. Mit dem geputzten, kleingeschnittenen Suppengemüse, der Zwiebel und den Gewürzen zum Kochen bringen. Bei kleiner Hitze 1 $\frac{1}{2}$ Stunden köcheln lassen. Durch ein Tuch geben. Fond auf $\frac{1}{4}$ l einkochen. Sahne unterrühren, erneut auf $\frac{1}{4}$ l einkochen. Beiseite stellen. Kurz vor dem Servieren erneut aufkochen. Die eiskalte Butter flockenweise nach und nach unterrühren. Mit Salz abschmecken.

Feines vom Kalb:
Kalbsbries 20 Minuten wässern, in Salzwasser 5 Minuten blanchieren, in Eiswasser abschrecken, häuten und in vier gleichmäßige Medaillons schneiden. Beiseite stellen. Kalbsniere 20 Minuten wässern, mit Küchenkrepp trockentupfen. In wenig Öl rundherum anbraten. Beiseite stellen. Kalbsmedaillons in wenig Öl anbraten. Zusammen mit der Niere in den auf 180 Grad vorgeheizten Backofen geben. Bei geöffneter Tür 5–10 Minuten garen lassen. Währenddessen die Kalbsbries-Medaillons in Ei wenden und in Butter beidseitig bräunen. Salzen und pfeffern. Kalbsmedaillons salzen und pfeffern, die Niere in vier gleichmäßige Scheiben schneiden und pfeffern. Fleisch, Niere und Bries dekorativ auf die Soße setzen. Dazu gibt es in Butter geschwenkte Vollkornnudeln und junges, blanchiertes, in Butter geschwenktes Gemüse (Mohrrüben und Lauchzwiebeln).

Geeiste Apfelsuppe

Suppe: Äpfel schälen und entkernen, in Stücke schneiden. Zusammen mit Zucker und Sago 10–15 Minuten im Apfelsaft köcheln lassen. Auf ein Tuch geben und gut ablaufen lassen (nicht durchdrücken). Kühl stellen oder in Eiswasser kühlen.

Grießklößchen:

Milch mit Butter und den Gewürzen aufkochen, Grieß einrühren und einmal aufkochen. Zum Kloß abrühren. Vom Herd nehmen. Eigelb kräftig unterrühren. Eiweiß sehr steif schlagen und sorgfältig unterheben. Mit einem Mokkalöffel kleine Klöße abstechen und in Salzwasser garen. Herausheben, abtropfen und auskühlen lassen.

Die kalte Apfelsuppe in gekühlte Teller geben, mit Apfelschnaps verrühren, Grießklößchen einsetzen. Mit Minzblättern und Apfelspalten garnieren.

Nachspeise
4 Personen

Suppe:
500 g Boskop
500 g Granny Smith
500 ml naturtrüber Apfelsaft
300 g Zucker
1 geh. EL Sago
50 ml Apfelschnaps

Grießklößchen:
$^1/_8$ l Milch
1 Msp. Butter
Salz
Muskat
50 g Grieß
1 Ei

Minzblätter und Apfelspalten
zum Garnieren

Folgende Doppelseite:
Wild bereichert die Küche.

Von Jagd und reicher Beute

„Da in Holstein besonders viele Wälder, Hölzungen und Haine sind, herrscht ein Überfluß an wilden Tieren verschiedenster Art, denen Fürsten und Adlige mit großer Freude nachsetzen. Es sind Hirsche, Rehböcke, Keiler, Hasen, Füchse, Wölfe, Biber, Marder, Fischottern, Eichhörnchen etc. Auch an Vögeln besteht hier kein Mangel, als da sind Kraniche, Schwäne, Gänse und Enten verschiedener Art, Reiher, Rebhühner, Tauben, Stare, Fasane und Drosseln …" Eine imponierende Jagdstrecke, die Heinrich Rantzau 1597 in seiner „Beschreibung der cimbrischen Halbinsel" aufzeigt! Heute gibt es nur noch eine Handvoll von Tieren, die in großer Zahl in Schleswig-Holstein gejagt werden. Rehwild, Damwild und Kaninchen bringen die besten Ergebnisse.

Die Jagd war bis ins 12. Jahrhundert hinein im Norden ein natürliches, ein freies Recht. Eine sogenannte „Volksjagd" mit der Möglichkeit für jedermann, sich Wild für die Nahrung zu erlegen. Um den Hunger zu stillen, hat man immer schon Tiere erlegt. Da gab es Vorzeiten mit Elch und Ur, mit Wisent und Vielfraß, auch Rentier und Bär waren im Norden zuhause und damit nahrhafte Beute. In Schleswig-Holstein begann man früh, Haustiere zu halten und den Boden intensiv zu bewirtschaften – so gut, daß es für die Nahrung reichte. Wild spielte in der Ernährung eine unbedeutende Rolle, sogar die Einwohner von Haithabu aßen erstaunlich wenig wildes Getier. Als die Landesherren das Jagdrecht übernahmen und es nur noch Privilegierten zuwiesen, da wurde es zum hochherrschaftlichen Vergnügen. Im 17. Jahrhundert verfügte der Küchenmeister der Gottorfer Hofküche in einem ganz normalen Jahr zum Beispiel über eine Anlieferung von: „52 Stück Hirschen, 81 Hirschzungen, 25 Stück Damwild, 38 Rehe, 4 Wildschweine, 262 Hasen, 248 Stück Birkwild, 685 Stück Rephühner, 1452 Enten, 654 Schnepfen, 13 Kraniche, 26 Reiher, 1070 Stück Krammetsvögel, 960 Stück Brachvögel, 560 Stück Lerchen, 2700 Stück Stare, 2720 kleine Vögel und ein Stück Großwild aus dem Rauch …" Nicht immer ist es möglich gewesen, die ausgefallenen Wünsche der hohen Herren zu befriedigen. Adel und Klöster befehdeten sich, wenn es um die Erbeutung einer Kulinarität ging. Zwar bemühten sich die Landesherren, den Wildbestand in ihren Wildbahnen zu halten. Man versuchte auch, durch Einbürgerung bestehende Arten zu erhalten oder unerklärlich verschwundene wieder her-

Heute gibt es nur noch eine Handvoll von Tieren, die in großer Zahl in Schleswig-Holstein gejagt werden. Rehwild, Damwild und Kaninchen bringen die besten Ergebnisse.

anzuziehen. Im 16. Jahrhundert zum Beispiel sorgte man sich in den Hüttener Bergen um die Einbürgerung des ausgestorbenen Bibers (für dessen Fleisch, Balg und Drüsensekrete es hohe Preise gab – zumal die katholische Geistlichkeit ihn im Mittelalter für einen Fisch erklärt und damit als Fastenspeise anerkannt hatte. Die Folge war die Ausrottung ...). Vergeblich. 1820 zum Beispiel mühte man sich um ein ganz anderes Tier – bei Plön und Flensburg versuchte man, Rentiere anzusiedeln. Ebenfalls vergeblich. Andererseits waren die Landesherren unerbittlich, wenn es um die Erfüllung des Deputates ging. Die Bedienten hatten ihre liebe Not, wenn die Quoten zu hoch und die Tiere selten waren. So zum Beispiel 1803 ein Beamter aus Kiel: „... Man muß den Köchen begreiflich machen, daß unser aller eingeschränkter Wildstand kein Fleisch-Schrangen ist, wo wir vermöge eines Schlüssels denselben öffnen und das Wild herausholen können ..."

Wenn es um den Genuß ging, dann jagte man auch den Schwan und den Reiher, delektierte sich an Krammetsvögeln und Wachteln, aß Otter und Igel und ließ sich notfalls die Schnepfen seewasserdurchtränkt von Helgoland über das offene Meer herbeischippern. Was sich nicht frisch versenden ließ, wurde gepökelt, gedörrt oder getrocknet. Mehr und mehr auch geräuchert. So verschickt als fürstliches Geschenk. Ohnehin gab es ein lebhaftes Hin und Her im europäischen Wildhandel. Zur Erhaltung von Arten oder zur Erweiterung des Bestandes tauschte oder kaufte man. Hirschkälber aus Ostpreußen kamen nach Gottorf, Holländern schickte man Holsteiner Rehwild – im Austausch für persisches Damwild. Wildschweine trotteten nach Dänemark. Falken wurden von Lübeck nach überall gehandelt. Sogar das Know-how wurde „transportiert": 1571 ließ sich die Kurfürstin Anna von Sachsen zwei Männer aus Gottorf kommen, die das Einpökeln von Wild besser beherrschten als andere.

Zu den Hofbediensteten gehörten im 16. Jahrhundert sogar Trüffelsucher. Auch in norddeutschen Wäldern spürte man mit Hilfe abgerichteter Hunde und Schweine die kleinen delikaten Pilzlinge auf. Um 1820 – nur eines der vielen Beispiele – wurden die schwarzen Holsteiner Trüffel im Eutiner Forst gefunden, bis zu ein Pfund schwer und groß wie eine Männerfaust. Eine Köstlichkeit „nit vor die Bauren und einfältige Leute, sondern vor große Herren und vornehme Leute, die gerne Schluckerbisslein essen und gute Epicurer seyn ..."

Ohnehin gab es ein lebhaftes Hin und Her im europäischen Wildhandel. Zur Erhaltung von Arten oder zur Erweiterung des Bestandes tauschte oder kaufte man.

Folgende Doppelseite:
Gefülltes Wildschweinblatt

Sachsenwälder Maronensüppchen

Vorspeise
4 Personen

1 Bund Suppengemüse
50 g Butter
40 g Mehl
800 ccm Rinderbrühe
200 g Maronen-Pilze
(frisch oder tiefgekühlt)
20 g Butter
1 Schalotte
Salz
Zitronensaft
Knoblauch
100 ccm Sahne

Suppengemüse putzen, in Würfel schneiden, leicht in Butter andünsten. Mit Mehl abstäuben, mit Brühe aufgießen. Zum Kochen bringen, danach bei kleiner Hitze 20 Minuten köcheln lassen. Durch ein Sieb geben.

Maronen kurz wässern (bzw. auftauen), nach Wunsch kleinschneiden, kurz in Butter schwenken. Mit Salz, Zitronensaft, wenig Knoblauch würzen. Die durchgegossene Suppe dazugeben, aufkochen lassen. Mit Sahne abrühren.

Gefülltes Wildschweinblatt

Füllung: Kalb und Wildkleinfleisch in der Küchenmaschine pürieren. Mit Sahne und Ei glattrühren. Nüsse grob hacken, untermischen. Füllung abschmecken mit Cognac, Salz und Pfeffer. Kühl stellen.

Wildschweinblatt gefüllt:

Wildschweinblatt vom Knochen lösen, Sehnen entfernen. (Knochen und Sehnen für einen Wildfond beiseite stellen). Fleisch auf einem Brett zu einem großen Stück glätten, mit der Füllung bestreichen und vorsichtig aufrollen. Binden, mit Salz und Pfeffer würzen. In den Römertopf legen. Mit wenig Wildfond angießen. Wacholderbeeren dazugeben. 1 ³/₄ Stunden schmoren, eventuell noch etwas Wildfond angießen. Fleisch herausnehmen und 5–10 Minuten ruhen lassen. Fond mit Schmand oder Rahm verfeinern.

Das aufgerollte Wildschweinblatt wird in dicke Scheiben geschnitten. Man serviert dazu Pflaumenklöße und Rosenkohl.

Pflaumenklöße:

Kartoffeln durchpressen, mit Mehl und Eiern gut verrühren. Mit Salz und Muskat würzen. Klöße formen, in die Mitte 1–2 Pflaumen drücken. In Salzwasser abkochen (sie sind gar, wenn sie an der Oberfläche schwimmen – noch etwa fünf Minuten bei geringer Hitze ziehen lassen). Herausheben und abtropfen lassen.

Rosenkohl:

Rosenkohl putzen, in Salzwasser garen, herausheben. Speck und Zwiebel ausbraten, kurz vor dem Servieren über den Rosenkohl geben.

Hauptgericht
4 Personen

Füllung:
100 g Kalbfleisch
100 g Wildkleinfleisch
100 ccm Sahne
1 Ei
40 g Haselnüsse
40 g Walnüsse
2 cl Cognac
Salz
Pfeffer

Wildschweinblatt gefüllt:
800 g Wildschweinblatt
Salz
Pfeffer
Wacholderbeeren
1 Bund Suppengemüse
200 ccm Schmand
oder Sauerrahm

Pflaumenklöße:
300 g mehlige, gekochte
Kartoffeln
50 g Kartoffelmehl
2 Eier
Salz
Muskat
300 g entsteinte Backpflaumen

Rosenkohl:
250 g Rosenkohl
Salz
15 g feingewürfelter Speck
15 g feingewürfelte Zwiebel

Apfelpfannkuchen
mit beschwipstem Quark

Nachspeise
4 Personen

¹/₄ l Milch
1 Ei
1 Prise Salz
125 g Mehl
1–2 aromatische Äpfel
80 g Magerquark
40 g Sahne
1 cl Apfelschnaps
1 TL Zucker
Zimt
100 g Blaubeeren
(frisch oder tiefgekühlt)
Zucker
Butter zum Braten

Pfannkuchenteig rühren aus Milch, Ei, Salz und Mehl. 10 Minuten stehen lassen. Teig erneut durchschlagen. In einer beschichteten Pfanne in Butter kleine, hauchdünne Pfannkuchen backen. Den geschälten, entkernten Apfel beim Backen fein auf den Teig hobeln. Quark mit Sahne, Schnaps, Zucker und Zimt gut aufschlagen. Pfannkuchen damit bestreichen und aufrollen. Blaubeeren mit wenig Wasser oder Saft aufkochen, durch ein Sieb geben, nach Belieben zuckern und etwas einkochen. Über die Pfannkuchenrollen geben.

Von Salz und lübschem Handelsgut

„Will man eine Tonne Häring ins Haus kaufen, so gebe man Achtung auf Zeichen, daß man zu Lübeck drauf zeiget. Denn da sind sonderlich geschworne Leut, so die Tonnen besichtigen und zeichnen, daß man sich darnach richten kann …" Verbraucherberatung vor gut dreihundert Jahren. Dabei war nicht allein die Qualität der Heringe das lübsche Geheimnis. Auf das Salz kam es an, das Salz, mit dem der Fisch sofort nach dem Fang in die Tonnen eingeschlagen wurde. Salz, das „weiße Gold", das den Weltruhm der Stadt an der Trave begründete. Von dem Lüneburger Salz, das die Lübecker herbeischafften, hing das Wohl der dänischen und schwedischen Fischer ab, die in unvorstellbaren Mengen den silbrigen Heringssegen aus dem Meer schaufelten. Die Salzspeicher hinter dem wuchtigen Lübecker Holstentor sind noch die letzten sichtbaren Zeugen des einstigen Handels.

Auf der Halbinsel zwischen Trave und Wakenitz hatte Graf Adolf II. von Holstein 1143 eine Plan-Stadt anlegen lassen – sehr zum Ärger seines mächtigen Lehnsherrn. Das war Heinrich der Löwe, der bereits gut verdiente mit dem Salz aus seiner Salinenstadt Lüneburg. Das neue Lübeck mit eigenen Salzquellen in Oldesloe paßte dem „Löwen" nicht. Der Handel der aufstrebenden lübschen Bürger auch nicht, denn sie lieferten bereits nach Gotland und Nowgorod, gingen nach Bergen und Schonen. Die Oldesloer Salzquellen wurden zugeschüttet, die Straßen nach Lübeck gesperrt. Schließlich nahm Heinrich der Löwe Adolf die durch einen Brand vernichtete Stadt ab und baute Lübeck 1158/59 wieder nach eigenen Vorstellungen auf. Mit großartigen Privilegien lockte er Kaufleute aus aller Herren Länder an die Trave und schuf so eine neue Siedlung, die sich rasant zum Handelszentrum an der Ostsee entwickelte. 1226 bereits erhob sie Kaiser Friedrich II. zur freien Reichsstadt, die keinem außer ihm selbst untertan war – Beginn der Blütezeit Lübecks. (Eine Eigenständigkeit übrigens, die durch Jahrhunderte bewahrt wurde. Erst Napoleon gelang es, 1810 die Travestadt zu unterwerfen, nach drei bitteren Jahren war sie wieder frei. Allerdings eine durch die Wirren der Geschichte bedeutungslos gewordene Stadt, die schließlich 1937 ihren Status der Freiheit endgültig aufgeben mußte.)

„Salz war das Ferment der Hanse", so ein Historiker. Salz war die Grundlage der lübschen Hanse-Herrschaft. „Die Hanse ist

Mit großartigen Privilegien lockte Heinrich der Löwe Kaufleute aus aller Herren Länder an die Trave und schuf so eine neue Siedlung, die sich rasant zum Handelszentrum an der Ostsee entwickelte.

eine Interessengemeinschaft niederdeutscher Städte und Städtegruppen, deren Hauptzweck die Sicherung der gemeinsamen Außenhandelsprivilegien, des Fernhandels, des Verkehrs und der Gewerbetätigkeit der eigenen Bürger darstellt. Anders ausgedrückt: Die Aufrechterhaltung des von diesen Städten und ihren Bürgern weitgehend getragenen und beherrschten nord- und mitteleuropäischen Weltwirtschaftssystems", so ein Hanse-Forscher. Das neu gegründete Lübeck nahm eine Schlüsselstellung ein, ging wagemutig mit eigenen, neu erbauten Schiffen in die Ostsee und erschloß sich neue Möglichkeiten im Fernhandel. Das Silber der Ostsee, der Heringssegen, war die erste Ware, im Norden an Land geholt, mit lübschem Salz haltbar gemacht und damit versandfertig für ganz Europa. Der Hering, ein Fastenfisch, ebenso unentbehrlich wie der später dazu kommende Stockfisch aus dem norwegischen Bergen. Im Osten, um Nowgorod, blühte das Pelz- und Wachsgeschäft, im Westen handelte man mit englischer Wolle und mit flandrischem Tuch, und Lübeck wurde zur „Königin der Hanse" als Handelszentrum. In der zweiten Hälfte des 16. Jahrhunderts begann der politische und wirtschaftliche Niedergang der Hanse. Zwar wurde noch eifriger Handel von Lübeck aus betrieben, zwar gab es noch eine beachtliche Lübecker Handelsflotte bis zum Ausbruch des Dreißigjährigen Krieges. Aber die Handelsfreiheit des Bundes wurde durch erstarkende Fürstenmacht überall im nördlichen Europa eingeschränkt. Stück um Stück gingen die überlieferten Vorrechte verloren. Der Dreißigjährige Krieg zog einen Schlußstrich unter die Geschichte der Hanse.

Der Hauch der Hansezeit liegt immer noch wie ein Schleier über dem nach dem Krieg wieder aufgebauten Lübeck, auf den steilen Patrizierhäusern und Treppengiebeln, in den schmalen Gängen, über dem Markt und dem 1230 begonnenen Rathaus mit seiner Renaissancetreppe, über den Kirchen der Sieben-Türme-Stadt.

Hansische Vergangenheit dokumentiert sich eindrucksvoll im alten Amts- und Versammlungshaus der hansischen Schiffer, in der Schiffergesellschaft. Seit viereinhalb Jahrhunderten ist das ungewöhnliche Haus nahezu unverändert, seit 1868 eine öffentliche Gaststätte, eines der renommiertesten Häuser des Landes. In der dämmrigen Diele, an hölzernen Langtischen und den Bänken der Seefahrer, unter den von der Decke hängenden Schiffsmodellen vergangener Genera-

Der Hauch der Hansezeit liegt immer noch wie ein Schleier über dem nach dem Krieg wieder aufgebauten Lübeck, auf den steilen Patrizierhäusern und Treppengiebeln.

tionen und inmitten von Kunstwerken und Kuriositäten läßt sich Geschichte einholen. Auch Berichten nachsinnen von den üppigen winterlichen Gastereien, wenn sich die Schiffer und Kaufleute zu ihren Schaffermahlzeiten oder zum Schüttingschmaus trafen.

Heute verbindet man den Ruhm Lübecks verallgemeinernd mit Genußvollem wie Rotspon und Marzipan. Rotspon, der vertraute Name für den rot glühenden Rebensaft von der Trave. Aus Bordeaux oder Burgund stammender französischer Rotwein, im Holzfaß im milden, feuchten Seeklima in den Kellern an der Trave gelagert und veredelt. Bereits im 12. Jahrhundert bestand der lübsche Rotwein-Handel. Das Wunder der Verwandlung des „Schatoweines" in köstlichen Rotspon entdeckten französische Söldner, die unter Napoleon die Stadt und die Keller erstürmten. Ihnen schmeckte der französische Rote an der Trave weit mehr als in heimischen Gefilden. Über Generationen haben Lübecker Handelshäuser Weinhandel betrieben, 1875 gab es rund 35 Weinhandlungen, 1907 waren es 50 Häuser, die mit Rotspon handelten.

Die zweite, mit dem Namen der alten Hansestadt verbundene Köstlichkeit ist das Marzipan, dem man gern ursprüngliche Legenden nachsagt. Im Lübeck des 16. Jahrhunderts finden sich Belege für die süße Mandelmasse als Heilmittel und als exklusiver Nachtisch. Aber es dauert lange, bis die Spezialität zu einem typischen Lübecker Markenartikel wird. Vier Konditoren bereiten um 1800 das süße Konfekt zu, 1822 baut Niederegger sein Haus gegenüber der Rathaustreppe – von da an wird das süße Brot zu einem Exportartikel.

Es waren also stets Einzelprodukte, die für den Handel der Lübecker besondere Bedeutung hatten. Heute ist es das süße himmlische Gaumenvergnügen – aber alles begann mit dem Salz, unentbehrlich für jedermann und in allen Kulturen der Welt, im Urväterglauben eine himmelentsprungene, göttliche und darum heilige Gabe.

Rotspon, der vertraute Name für den rotglühenden Rebensaft von der Trave. Aus Bordeaux oder Burgund stammender französischer Rotwein, im Holzfaß im milden, feuchten Seeklima in den Kellern an der Trave gelagert und veredelt.

Folgende Doppelseite:
Salz und Rotspon – Lübecks
Reichtum

Holsteiner Specksuppe

Vorspeise
4 Personen

Schinkenknochen von einem
Schinken (Röhren und
Schlußknochen)
Schwarte
1 kleine Schweinebacke
(etwa 300–400 g)
1 Bund Suppengrün
$^1/_2$ Stange Porree
50 g Mohrrüben
50 g Steckrüben
50 g dicke Bohnen
50 g Sellerie
50 g Petersilienwurzeln
50 g entsteinte Backpflaumen
1 Handvoll frische Kräuter
(z. B. Majoran,
Thymian, Liebstöckel,
Petersilie, Bohnenkraut)
Salz
Zucker
Essig

Reis-Rosinenklößchen:
60 g Milchreis
180 ml Salzwasser
10 g Rosinen
1 verschlagenes Ei
1 geh. TL gehackte Petersilie
1 Prise Muskat

Schinkenknochen, Schinkenschwarte und Schweinebacke mit kaltem Wasser gut bedecken, etwa 3 Stunden bei mittlerer Hitze ziehen lassen. Immer wieder abschäumen, damit die Suppe klar bleibt. Suppengrün putzen, zusammenbinden und nach 2 $^1/_2$ Stunden Kochzeit in die Brühe geben. Das in Würfel geschnittene Gemüse (Porree, Mohrrüben, Steckrüben, Sellerie, Petersilienwurzeln) und die dicken Bohnen in den letzten 10 Minuten mitkochen lassen. Die Pflaumen dazugeben (wenn sie zu trocken sind, müssen sie vorher eingeweicht werden). Schweinebacke herausheben, vom großen Fett befreien und in Würfel schneiden. Schinkenknochen, Schwarte und Suppengrün herausnehmen. Kräuter frisch hacken und in die Suppe geben. Mit Salz, Zucker und Essig kräftig würzen. In die Holsteiner Specksuppe gehört seit altersher Rosinenreis – dieses hier ist eine delikate Variante –, zumal die Specksuppe selbst als Vorspeise sehr verfeinert worden ist.

Reis-Rosinenklößchen:
Milchreis im Salzwasser auf kleinster Stufe ausquellen lassen. Das dauert 40-45 Minuten. Nach 30 Minuten die gewaschenen Rosinen dazugeben. Nach 45 Minuten den Rosinenreis einmal unter ständigem Rühren erhitzen – nicht anbrennen lassen! Die Restflüssigkeit soll auskochen. Reis vom Herd nehmen. Ei und Petersilie gut verschlagen. Unterrühren. Mit Muskat abschmecken. Reisteig auskühlen lassen. Bällchen abstechen oder formen und bei geringer Hitze im Suppenfond garziehen lassen.

Lübscher Labskaus

Rinderbrust aus der Pökellake herausnehmen, gut abspülen, 30 Minuten wässern. In reichlich Wasser mit Lorbeerblättern, Pimentkörnern, Senfkörnern und Pfefferkörnern zum Kochen bringen. Bei mittlerer Hitze 1 $^1/_2$ Stunden kochen lassen, ständig abschäumen. Zwiebeln in Ringe schneiden, im Schmalz glasig schwitzen. Pellkartoffeln kochen. Fleisch herausheben und abkühlen lassen. Zusammen mit den Zwiebeln, den Kartoffeln und den Gewürzgurken durch den Fleischwolf geben. Fleischbrei in einen geräumigen, flachen Topf geben, alles gut mit Kochfond, Rote-Bete-Saft und Gurkenwasser verrühren. Senf und Meerrettich unterrühren. Mit Salz und Pfeffer abschmecken. Sehr heiß servieren. Dazu gibt es ein Spiegelei, Rote Bete, Matjesfilets und Gewürzgurken in dünnen Scheiben. Man kann die Beilagen getrennt servieren.

Hauptgericht
4 Personen

1 kg gepökelte Rinderbrust
(beim Schlachter bestellen)

– Für Selbermacher:
Pökellake kochen aus 2 l Wasser,
200 g Pökelsalz vom Schlachter,
1 geh. EL Zucker,
1 Handvoll Suppenkräuter
Wenn die Lake ausgekühlt ist,
gibt man das Fleisch hinein.
Etwa 1 Woche darin liegenlassen, häufig umdrehen. Vor
Gebrauch gut abspülen. –

3 Lorbeerblätter
2 Pimentkörner
1 TL Senfkörner
$^1/_2$ TL Pfefferkörner
6 große Zwiebeln
50 g Schmalz
1 kg Kartoffeln
6 mittelgroße Gewürzgurken
Saft von Gewürzgurken und
eingelegter Rote Bete
100 g mittelscharfer Senf
50 g Meerrettich
Salz
Pfeffer

Beilagen:
2 Gewürzgurken
4 Matjesfilets
200 g Rote-Bete-Scheiben
4 Eier

Folgende Doppelseite:
Lübscher Labskaus

Plettenpudding der Buddenbrooks

Biskuitteig: Eigelb mit der Hälfte des Zuckers schaumig rühren. Eiweiß mit dem restlichen Zucker sehr steif schlagen, auf die Eigelbmasse geben und gut unterheben. Mehl und Stärkemehl darübersieben, ebenfalls vorsichtig unterheben. Butter in einer kleinen Pfanne auslassen, abkühlen lassen und vorsichtig unter die Biskuitmasse geben. Backblech mit Pergament auslegen, fetten und mit Mehl ausstreuen. Teig auf das Blech gießen, gleichmäßig verteilen. Im vorgeheizten Ofen 4 Minuten bei 250 Grad goldgelb backen. Blech herausnehmen, Biskuit auf ein leicht gezuckertes Küchenhandtuch stürzen. Auskühlen lassen. Mit 2 cl Himbeergeist gut beträufeln.

Creme:

Milch mit der Hälfte des Zuckers und mit der Vanillestange zum Kochen bringen. Vanillestange aufschlitzen, das Mark auskratzen und in die Milch geben. Eigelb mit dem Rest des Zuckers sehr schaumig schlagen. Die heiße Milch zügig in das schaumige Eigelb unterschlagen. Bei geringer Hitze weiterschlagen, bis die Masse sehr cremig ist.

Dann wird die in Wasser eingeweichte und ausgedrückte Gelatine untergerührt. Creme durch ein Sieb geben und auf Eiswasser kalt rühren. Sahne sehr steif schlagen und gut unterheben, sobald die Creme zu steifen beginnt. Himbeergeist vorsichtig unterrühren.

In der Zwischenzeit werden für jedes Portionsförmchen aus dem Biskuitteig jeweils zwei Scheibchen ausgeschnitten. Förmchen ausbuttern, mit Zucker ausstreuen, jeweils eine der Scheibchen auf den Boden legen. Die stockende Creme zur Hälfte einfüllen.

Himbeeren säubern, mit wenig Wasser erhitzen, durch ein Sieb streichen und auskühlen lassen. Himbeermark unter die zweite Hälfte der Vanillecreme rühren. Diese rosa Himbeermasse wird jetzt auf die helle Creme in den Portionsförmchen gefüllt. Creme bis zum Rand einfüllen, mit der jeweils zweiten Biskuitscheibe abdecken. Mindestens 2 Stunden kühl stellen. Zum Servieren wird der Plettenpudding aus der Form gestürzt und dekorativ mit frischen Himbeeren, mit steifgeschlagener Sahne und mit ein paar Himbeerblättchen garniert.

Nachspeise
4 Personen

Biskuitteig:
4 Eigelb
3 Eiweiß
50 g Zucker
30 g Mehl
30 Speisestärke
50 g Butter
2 cl Himbeergeist

Creme:
250 ccm Milch
80 g Zucker
1 Vanillestange
2 Eigelb
4 Blatt Gelatine (weiß)
250 ccm Sahne
6 cl Himbeergeist

400 g frische Himbeeren
(jahreszeitlich bedingt kann
man auch tiefgekühlte
Himbeeren verarbeiten)
Butter und Zucker für die
Förmchen

Von klösterlicher Küchenkultur

„Ego te capto carpam", ich taufe Dich zum Karpfen – es ist wohl kein schlechter Küchenwitz, daß in Fastenzeiten ein klösterlicher Abt seinem Bruder Küchenmeister unter die Arme griff und aus dem Spanferkel-Gericht einen Karpfen machte. Des Seelenheils aller Beteiligten wegen, die vom zuvielen Fisch, zuvielem Grünzeug und der ewigen Mandelmilch genug hatten. Sie ist belegt, diese Geschichte – und mag sich häufiger zugetragen haben. Die Klosterköche waren erfindungsreich im Umgestalten verbotener Zutaten …

Nicht „geschummelte", sondern echte Karpfen sind als klösterliche Delikatessen in den Norden Deutschlands gekommen. 1186 wurden Zisterziensermönche in das noch unbesiedelte, heutige Reinfeld geholt. In wenigen Jahren schufen sie aus Urwald und Ödland eine blühende Agrarlandschaft, legten Gärten und Teiche an und sorgten für Besiedelung des neuen Ortes. Im „Herrenteich" wachsen bis heute die köstlichsten aller schleswig-holsteinischen Karpfen heran. Das älteste schwimmende Haustier der Menschen, bereits vor Jahrtausenden in China bekannt, galt als bedeutender Fastenfisch. Hochrückig und fleischreich haben ihn die Mönche gezüchtet. In unserer Zeit haben sich Wissenschaftler sogar der lästigen Gräten angenommen – der „grätenlose Karpfen des Prof. Sengbusch" aus Ahrensburg sorgte für Aufsehen.

Fisch als Fastenspeise war in vielen Gegenden der Grund, warum Klöster Teiche anlegten. Die Klöster hatten ihr eigenes System der Versorgung. Sie unterhielten Gewürz-, Arznei- und Blumengärten, pflegten Gemüsegärten und Felder, züchteten Vieh, hatten eigene Meiereien, Brauereien, oft auch Bienenstände und Weingärten, sie legten Obst- und Beerenanlagen an und Fischteiche. Zahlreich sind die Zeugnisse klösterlicher Armut und Bescheidenheit. Aber in vielen Fällen entstammten die Äbte und Prioren dem Hochadel, waren große Herren und liebten zu tafeln und Gäste zu empfangen. Sie brauten ihr Bier und Kräuterschnäpse. Die Klosterküchen wurden zur Quelle der europäischen Küchenkultur. Das älteste bekannte Benediktinerkloster nördlich der Elbe wurde 1045 als Vorposten des Christentums errichtet – inmitten des damals wendischen, also slawischen Siedlungsgebietes der Polaben am Ratzeburger See. Der christliche Wendenfürst Gottschalk war der Initiator – was allerdings zu einem Heiden-Aufstand und zur Ermordung des Abtes und seiner Kloster-

Folgende Doppelseite: Fliederbeeren, auch Holunderbeeren genannt, sind köstlich als Speise oder Saft.

brüder führte. Die Christianisierung schritt dennoch voran, zahlreiche Klöster siedelten sich an. Eines der interessantesten war das 1211 gegründete Preetzer Nonnenkloster. Rund 70 Benediktinerinnen lebten dort, ledige Töchter lübeckischer Bürger- und schleswig-holsteinischer Adelsfamilien. Nach der Reformation umgewandelt in ein adliges Damenstift, das es noch heute ist. Umfangreiche Unterlagen aus der Geschichte des Klosters Preetz sind erhalten geblieben. So läßt sich auch nachlesen, womit die Damen ihren Hunger gestillt haben. Um 1500 zum Beispiel verbrauchten sie neben vielem anderen – auf das Jahr bezogen – 166 Schweine, 1500 Hühner und 500 Aale, die sie aus einem zum Kloster gehörenden Wehr an der Preetzer Mühle zogen. Hunderte von Lachsforellen wurden in der Fastenzeit verspeist, und wenn es mit der Versorgung nicht klappte, dann gab es „Stockfisch zur Erleichterung ihrer Nothdurft" oder „windgetrocknete russische Hechte", die auf Hanse-Pfaden ins Land kamen.

Im Mittelalter aß man in den Klöstern gänzlich anders als heute. Nicht nur Tiere, die heute nicht mehr auf dem Speisezettel stehen – wie Igel, Pfauen, Geier, große Käfer und Würmer –, man aß auch alle Tiere sozusagen mit Haut und Haar, aß Augen und Schwanz, Eingeweide und zermahlte sogar das Geweih. In reicheren Klosteranlagen siedelte man unter anderem auch den Biber an und dachte sich eine Fülle leckerster Rezepte dafür aus. Im Norden verarbeitete man alles, was schwamm und im Wasser herumkrabbelte. Zu den klösterlichen „Importen" darf man wohl auch die Maräne zählen, die Felchen-Verwandte, die heute in zwei Größen in rund einem Dutzend von schleswig-holsteinischen Seen vorkommt. Belegt soll sein, daß ihre Urahnen aus der Eiszeit stammen und vor 10 000 Jahren als Wandermaränen in die kalten Tiefen des Großen Plöner Sees gekommen sind. So jedenfalls erklärt sich, warum die Maräne als „Herrenfisch" das Plöner Wappen ziert. Grün, also frisch zubereitet, ist die Maräne ebenso eine Delikatesse wie goldgelb geräuchert. Eine Spezialität im Norden wie einst im Osten Deutschlands. Wen kümmert's, daß der Teufel bei der Umsiedlung seine Hand im Spiel gehabt haben soll. Wenn die Sage stimmt, hatte das Höllenwesen die silbrige Köstlichkeit für eine aus Ostpreußen stammende Äbtissin nach Lauenburg herbeigeflogen – und über dem Schaalsee verloren. Das sei angemerkt: die Seele der Äbtissin auch. So wurde die Maräne zum klösterlichen Fisch …

Grün, also frisch zubereitet, ist die Maräne ebenso eine Delikatesse wie goldgelb geräuchert. Eine Spezialität im Norden wie einst im Osten Deutschlands.

Rote-Bete-Suppe
mit Meerrettichklößchen

Suppe: Rote Bete waschen. In reichlich Wasser mit Salz und Kümmel zum Kochen bringen. Bei mittlerer Hitze 40–45 Minuten garen. Rote Bete herausheben, kalt abspülen und schälen. 800 g Rote Bete in Würfel schneiden und in der Rinderbrühe noch 5 Minuten kochen lassen. Rote Bete in der Brühe pürieren. Suppe durch ein Sieb streichen. Die restlichen Rote Bete in sehr kleine Würfel schneiden und in die Suppe geben. Mit Essig, Zitronensaft, Salz und Pfeffer abschmecken. Klößchen in die Suppe geben, heiß servieren. Frischgezupfte Dillspitzen und Schmand (oder Sauerrahm) extra dazu reichen.

Klößchen:

Wasser mit Butter zum Kochen bringen. Mehl dazugeben und zum Kloß rühren. Abbrennen. Teigkloß in eine Schüssel geben. Nach und nach die Eier unterschlagen. Meerrettich unterrühren. Teig mit Salz und Pfeffer würzen. Kleine Klöße abstechen und in Salzwasser garziehen lassen. Herausheben und abtropfen lassen.

Vorspeise
6 Personen

Suppe:
1 kg Rote Bete (rote Rüben)
1 EL Salz
1 EL Kümmel
1 l Rinderbrühe
Essig
Zitronensaft
Salz
Pfeffer
Dill
Schmand oder Sauerrahm

Klößchen:
$1/8$ l Wasser
35 g Butter
70 g Mehl
2 Eier
70 g Meerrettich (frisch gerieben oder aus dem Glas)
Salz
Pfeffer

Folgende Doppelseite:
Rote-Bete-Suppe mit Meerrettich-
klößchen

Reinfelder Spiegel-Karpfen auf Zwiebel-Tomaten

Hauptgericht
6 Personen

Karpfen:
1 Karpfen von ca. 6 Pfund
Salz
Pfeffer
Mehl
Butterschmalz

Zwiebel-Tomaten:
1 große Zwiebel
20 g Butter
$1/4$ l halbtrockener Wein
$1/4$ l Rinderbrühe
500 g Tomaten
Pfeffer
Salz
Basilikum

Karpfen putzen, waschen, in 6 Portionsstücke teilen und gut abtrocknen. Mit Salz und Pfeffer würzen. In Mehl wenden und in der Pfanne mit Butterschmalz beidseitig goldbraun braten. Bei mittlerer Hitze garen, bis sich das Fleisch von den Gräten löst (15–20 Minuten).

Zwiebel-Tomaten:
Tomaten brühen, schälen, entkernen und in Würfel schneiden. Zwiebel sehr fein würfeln, mit Butter anschwitzen. Wein und Brühe aufgießen. Tomatenwürfel dazugeben, Pfeffer darübermahlen. Bei kleiner Hitze um die Hälfte einkochen. Mit Salz und Pfeffer abschmecken.

Gemüse auf den Teller geben, den frisch gebratenen Karpfen in die Mitte legen. Mit Basilikum dekorieren. Dazu reicht man Petersilienkartoffeln.

Rumtopf-Sülze

Sülze: Rumtopf abgießen, Flüssigkeit erhitzen, nicht kochen. Die in kaltem Wasser eingeweichte, ausgedrückte Gelatine unterrühren. Rumtopffrüchte in eine kleine Kastenform geben. Rumtopfflüssigkeit durch ein Sieb über die Früchte gießen. Kühl stellen und über Nacht fest werden lassen.

Vanillecreme:

Milch, Sahne, Zucker, die Vanillestange und Salz zum Kochen bringen. Gut rühren. Vanillestange herausheben, aufschlitzen, das Mark herauskratzen und in die Kochflüssigkeit zurückgeben. Eigelb in einer Schüssel verrühren, die heiße Kochflüssigkeit nach und nach unterschlagen. Bei wenig Hitze im Topf oder im heißen Wasserbad cremig schlagen (nicht mehr kochen).

Die ausgekühlte Vanillecreme auf den Teller geben, Rumtopfsülze in Scheiben schneiden und dekorativ auf die Sauce legen.

Nachspeise
6 Personen

Sülze:
$^1/_2$ l Rumtopf (etwa $^1/_3$ Früchte, $^2/_3$ Flüssigkeit)
6 Blatt weiße Gelatine

Vanillecreme:
$^1/_4$ l Milch
$^1/_4$ l Sahne
30 g Zucker
1 Vanillestange
1 Prise Salz
4 Eigelb

Folgende Doppelseite:
Buchweizen, ein Korn, das kein Getreide ist

Vom Buchweizen und vielen Grützen

„Wenn ich nun sage, die Kost sei auskömmlich, teilweise sogar gut gewesen, so dürfte doch vielleicht mancher die Nase gerümpft haben. Gab es doch nicht weniger wie 14mal in der Woche Buchweizengrütze! Und dies das ganze Jahr hindurch! Dann die ständige Wiederholung von Buchweizenklößen und Buchweizenpfannkuchen zum Mittagstisch, wenn auch mit verschiedenen Zutaten! Denn Hülsenfrüchte, Gemüse und Kartoffelspeisen bildeten sozusagen nur die Ausnahmen von der Regel. Dazu der ewige Speck, kalt oder warm, gebraten oder gekocht, meistens aber geil und galstrig. Was würde wohl der honette Bürgersmann sagen, wenn er 14mal in der Woche Grütze, und immer wieder Klüten und Pannkoken hinunterwürgen sollte! Von der Creme der Gesellschaft, der ja auch unser Herr Graf angehörte, ganz zu schweigen …“ 1882 schrieb ein Dienstjunge in der ostholsteinischen „Grafenecke“ diesen Bericht, ein Junge, der zu jenen unzähligen Scharen von Ungenannten vergangener Zeiten gehörte, die bei härtester Arbeit in rauhem Klima die karge, einfache Kost der Armen erhielten.

Buchweizen, auch Heidekorn oder Tatarenkorn genannt, weil es seine Ursprünge in Asiens Steppen hat, war lange Zeit die wichtigste Feldfrucht auf den norddeutschen Sandböden. Und wo Buchweizen wuchs, da wuchs auch der Hunger, denn da war mit schlechten Böden nicht viel Wohlstand zu erwerben. Buchweizen war in jeder Form das Hauptnahrungsmittel im Norden, solange die Kartoffel noch nicht bekannt und als Nahrungsmittel noch nicht erkannt war. 1385 wird Buchweizen erstmals zwischen Nord- und Ostsee angebaut, ein Gewächs, das in alten Quellen stets als „abenteuerliches Korn“ bezeichnet wird. Ein Korn, das gar kein Getreide ist. Die dreieckigen Früchte des Knöterichgewächses, von harter Schale umgeben, haben einen eigentümlichen Geschmack, den wohl nicht jeder mag. Die erfolgreichsten Ernten fuhr man noch im 19. Jahrhundert um Rendsburg herum ein. Ein 1820 erschienenes Kompendium landschaftlicher Folklore schwärmerisch über den Buchweizen: „So, wie der Kaufmann sein ‚Floreat Commercium' zur Gesundheit einsetzt, so trinkt der Bauer ‚Floreat de Bookweten', das zarteste, empfindlichste Korn, von dessen Gedeihen die Ernte überhaupt abhängt!“ Es war ein schlechtes Bauernjahr, wenn der Buchweizen keine Früchte trug … Auf anderen Böden des Landes wurde viel

Buchweizen, auch Heidekorn oder Tatarenkorn genannt, weil es seine Ursprünge in Asiens Steppen hat, war lange Zeit die wichtigste Feldfrucht auf den norddeutschen Sandböden.

Gerste angebaut, vor allem auch Roggen. Weizen, das Korn der Wohlhabenderen, für Sonn- und Feiertage, blieb etwas Seltenes und Besonderes.

Durch viele Jahrhunderte war Grütze die wichtigste Speise auf dem Lande und in einfachen Bürgerhäusern. „Ihre Lebensart ist sehr bescheiden" – so heißt es dann in den Chroniken. Karge Kost bedeutete häufige Grützen. Aus allen Getreidesorten, auf vielerlei Art gekocht. Mit Wasser, Saft, Mager- oder Buttermilch, auch mal mit Vollmilch oder Sahne, wenn ein besonderer Tag war. Auch mal mit einer Butterkuhle oder ausgelassenem Speck, wenn das Haus sich solches leisten konnte. Dünn oder dick kochte man die Grütze, man aß sie frisch gekocht mit kalter Milch – aber auch, wenn sie über Nacht ausgekühlt und in klebrige Stücke geschnitten war. Klotzengrütze nannte man das, übergossen mit heißer Milch oder Braunbier. Helene Voigt-Diederichs schreibt aus eigener Erfahrung von „vielhundert nachmittäglichen Grütztöpfen, die rings auf den Gütern und Bauernhöfen Schleswig-Holsteins kochen – und es wurde an vielhundert schweigsamen Abendtischen über die Grütze gesprochen …". Wohl nicht immer nur Gutes …

Ein ungewöhnliches Denkmal ist der Grütze im Norden gesetzt worden: Da steht unübersehbar bauchig und behäbig ein dreibeiniger Grützetopf im nordfriesischen Wappen – wie ein Symbol für die ganze kulinarische Geschichte des Landes. So verewigt wurde der gußeiserne Topf – so erzählt die Sage – aufgrund eines Krieges zwischen den Friesen und den Dänen, Zeugnis weiblichen Zorns. Denn als die friesischen Männer im Kampf bereits alle Hoffnungen auf einen Sieg aufgegeben hatten und mutlos die Flucht ergriffen, da rüsteten die Frauen auf. Mit den gerade auf den Herden glühenden Grapen zogen die Friesinnen gegen den Feind zu Felde. Grapen und Grütze benutzten sie als Wurfgeschosse. Mit Erfolg. Denn nun waren auch die Männer wieder dabei und trieben die Dänen in die Flucht. Dem Mut ihrer Frauen, so sagt man, setzten die friesischen Männer mit dem Grützetopf im Wappen ein Denkmal. Ähnlichen Mut bewiesen zu anderer Zeit Nordhastedter Frauen. Bei den traditionellen Feiern des Fruunsbeers tragen sie daher zur Erinnerung ihre „Waffe" voran – einen übergroßen Schleef, also Kochlöffel aus Holz, den sie einst, zusammen mit der Grütze, gegen den Feind geschwungen hatten. Die schleswig-holsteinischen Keramiker vergangener Jahrhunderte haben sich für das gemeinsame Mahl ungewöhnli-

Ein ungewöhnliches Denkmal ist der Grütze im Norden gesetzt worden: Da steht unübersehbar bauchig und behäbig ein dreibeiniger Grützetopf im nordfriesischen Wappen – wie ein Symbol für die ganze kulinarische Geschichte des Landes.

che, ansehnliche Grützeschüsseln ausgedacht, die heute Schmuckstücke in den Museen des Landes sind, einst ein Zeichen von Gemeinsamkeit bei der täglichen Kost.

Buchweizen, das so oft verächtlich gemachte Tatarenkorn, ist wieder da auf schleswig-holsteinischen Tischen. Auf beste Art zubereitet, die nichts mehr gemein hat mit des Landmanns karger Alltagsspeise. Allerdings: unsere Generation ist nicht die erste, die den eigentlichen Reiz der besonderen Feldfrucht erkannt hat. Vor eineinhalb Jahrhunderten schon schrieb der Gastrosoph Karl Friedrich von Rumohr: „Der Geschmack eines wohlausgereiften, sonnengetrockneten Heidekorns ist an und für sich ungemein süß und lieblich, weshalb denkende Köche bemüht sein sollten, die feinere Küche durch Einführung dieses Korns zu bereichern." Im heutigen Schleswig-Holstein gibt es denkende Köche. Wie andere alltägliche, „gemeine" Zutaten früherer Alltagskost hat sich auch Buchweizen in der feineren Küche veredeln lassen und als große Köstlichkeit entpuppt …

„Der Geschmack eines wohlausgereiften, sonnengetrockneten Heidekorns ist an und für sich ungemein süß und lieblich, weshalb denkende Köche bemüht sein sollten, die feinere Küche durch Einführung dieses Korns zu bereichern."

Taubenbrust und gefüllte Zwiebel

Taubenbrüste auslösen und beiseite stellen.

Für die Soße den Rest der Tauben zerkleinern. Räucherspeck würfeln und auslassen. Taubenkleinfleisch und -knochen darin anrösten. Suppengemüse und Gewürze dazugeben. Mit Weißwein ablöschen und 30 Minuten köcheln lassen. Durch ein Sieb geben. Fond erneut aufkochen. Sahne einrühren. Mit Salz und Pfeffer abschmecken.

Gefüllte Zwiebeln:
Zwiebel schälen, an beiden Enden fingerbreit flach abschneiden, in Salzwasser 5 Minuten köcheln lassen. Herausheben, in Eiswasser abschrecken. Pro Person eine Zwiebelhaut entnehmen. Mit Küchenkrepp trockentupfen.

Blätterteig (hausgemacht oder tiefgekühlt) dünn ausrollen. Quadrate schneiden. Zwiebelhaut mit der größeren Öffnung auf die Mitte des Blätterteiges stellen, dann mit dem Teigquadrat ganz umhüllen. Mit der Öffnung nach unten auf Backpapier stellen. Im vorgeheizten Backofen (200 Grad – Stufe 3) 20–30 Minuten backen.

Füllung:
Die feingewürfelte Schalotte in wenig Butter anschwitzen. Die kleingewürfelte Steckrübe dazugeben. Geflügelbrühe aufgießen. Bei kleiner Hitze um die Hälfte einkochen. Steckrübenwürfel nach 15–20 Minuten herausheben. Saure Sahne unter den Fond geben. Die kleingeschnittenen Backpflaumen und die Steckrübenwürfel unterheben. Petersilie feingehackt dazugeben. Einmal aufkochen lassen. In die vorbereitete Zwiebel einfüllen.

Petersilienmus:
Petersilie und Spinat waschen und grob hacken. Schalotte fein würfeln und mit etwas Butter anschwitzen. Petersilie und Spinat dazugeben, kurz erhitzen. Pürieren und mit der Sahne verfeinern. Mit Salz nachwürzen.

Taubenbrust:
Die Taubenbrustfilets salzen und pfeffern, in Mehl wenden und beidseitig in geklärter Butter bei nicht zu großer Hitze je 4–6 Minuten rosa braten.

Taubenbrust noch heiß mit der gefüllten Zwiebel auf einem kleinen Soßenspiegel dekorativ anrichten. Petersilienmus mit einem Löffel abstechen und mitdekorieren.

Vorspeise
4 Personen

2 Tauben
Salz
Pfeffer
Mehl
Butter zum Braten

Soße:
20 g Räucherspeck
1/2 Bund Suppengemüse
5 Wacholderbeeren
Salz
Pfeffer
1 Msp. Salbei
1/2 l Weißwein
2 EL Sahne

Gefüllte Zwiebel:
1 Gemüsezwiebel
150 g Blätterteig
1 Schalotte
100 g Steckrübe
1/4 l Geflügelbrühe
1 EL saure Sahne
100 g weiche entsteinte Backpflaumen
1 Stengel glatte Petersilie

Petersilienmus:
4 Bund glatte Petersilie
50 g Spinat
1/2 Schalotte
etwas Butter
1 EL Sahne
Salz

Maränenfilet und bunter Buchweizen

Hauptgericht
4 Personen

600 g Maränenfilet
(alternativ Zander)
Salz
Pfeffer
$^1/_2$ unbehandelte Zitrone
Butterschmalz zum Braten
oder Fischfond zum Garen

Buchweizen:
100 g Buchweizen (ganz)
Fischfond
je 80 g Mohrrüben, Kohlrabi,
Sellerie und Gurke
80 g süßsauer eingelegter Kürbis
20 g eiskalte Butter
2 EL saure Sahne
1 Bund Kerbel
Salz
Pfeffer

Zum Garnieren Brunnenkresse
und Maränenkaviar

Maränenfilet mit Salz, Pfeffer und Zitronensaft marinieren. Stehenlassen.

Buchweizen:

Buchweizen in Fischfond garen (bei mittlerer Hitze 20–25 Minuten). Abgießen, beiseite stellen. Gemüse säubern und Kugeln ausstechen. Im Fischfond nach und nach so garen, daß das Gemüse „Biß" behält. Herausheben, beiseite stellen. $^1/_4$ l Fischfond um die Hälfte einkochen. Buchweizen und Gemüsekugeln hineingeben und einmal erhitzen. Butter und Sahne unterheben. Kräuter hacken und untermengen. Kürbis in Kugeln oder Würfeln ebenfalls unterheben. Maränen in Butterschmalz beidseitig goldgelb braten oder in Fischfond köchelnd garen. Herausheben und zusammen mit dem „bunten Buchweizen" servieren. Mit Brunnenkresse und Maränenkaviar garnieren.

Gebackene Fliederblüten und Johannisbeerkaltschale

Johannisbeeren von den Stielen zupfen. Von jeder Sorte einige Stiele beiseite legen. Johannisbeeren mit Zucker und Wasser zum Kochen bringen. Aufkochen lassen. Durch ein Sieb geben. Mit Zucker abschmecken. Kalt stellen.

Bierteig:

Bierteig aus Mehl, Butter, Salz, Eigelb und Bier rühren. Das steifgeschlagene Eiweiß zuletzt vorsichtig unterheben. Fliederblüten säubern, nicht waschen. Blüten in den Bierteig tauchen und in heißem Fett 1–2 Minuten goldgelb ausbacken. Auf Küchenkrepp abtropfen lassen.

Kaltschale in einen Teller geben, mit den beiseite gelegten Johannisbeerstielen ausdekorieren. Die ausgebackenen Fliederblüten aufsetzen. Leicht mit Puderzucker überstäuben.

Nachspeise
4 Personen

200 g weiße Johannisbeeren
200 g rote Johannisbeeren
200 g schwarze Johannisbeeren
120 g Zucker
$^1/_2$ l Wasser
4 Fliederblüten
(Holunderblüten)
Fett zum Ausbacken
Puderzucker zum Bestreuen

Bierteig:
100 g Mehl
10 g Butter
1 Prise Salz
2 Eigelb
$^1/_8$ l Bier
1 Eiweiß

Folgende Doppelseite:
Gebackene Fliederblüten und
Johannisbeerkaltschale

133

Von kulinarischen Exkursen

„Man muß zusehen, daß man recht guten Stockfisch bekomme, der recht sauber und gut geweicht ist, denn rein geschuppt und oben die Kinnladenknochen und an beyden Seiten die Flußfedern, auch den Rückgrad, alles heraus und abgeschnitten denn sauber abgewaschen, rund ausgewickelt und mit einem Bindfaden übers Kreuz bewunden …" Marcus Loofft, Stadt-Koch in Itzehoe, gibt 1769 seine „Sieben hundert und zehn Anweisungs-Regeln wonach alle und jede, sowohl kostbare, als ordinäre Speisen präparierte, auch einige Garten-Früchte getrocknet und eingemachet werden …" Stockfisch war ein Allerwelttags-Gericht für Loofft und für andere. Aber es kommt auch alles andere vor, was damals schwamm und krabbelte, was durch die Lüfte flog und auf vier Beinen lief, gezähmt oder wild, zu verarbeiten war. Marcus Loofft bereitet von Kopf bis Fuß alles zu, fertigt Farcen und Braisen, Puddinge und Pasteten und gibt auch Rat für Torten und Gebackenes. Eine Gaumen- und Lesefreude. Allerdings entstanden in einer Zeit, in der im Norden Deutschlands noch keine Kartoffel auf den Teller kam (folglich gibt es bei Looft auch nur einmal „Erd-Aepflen" als Gemüse), eine Zeit, in der man noch Generationen von Grütze-Essern vor sich hatte, in der Sauertöpfe beim Schlachten für ein ganzes Jahr reichend eingekocht werden mußten und mancher unter einem Fleischgericht einen dünnen Streifen Speck verstand. Kochbücher sind seit jeher nicht nur für die Pfannenschwinger interessant. Sie legen auch Zeugnis ihrer Zeit ab. Wenngleich sie täuschen. Gemeinhin wurden sie für die gehobenen Stände und für die Küchenspezialisten geschrieben.

Johanna Kuß, Tochter des Predigers zu Kellinghusen, hatte 1886 das Problem erkannt. Zwar gibt es auch in ihrem Kochbuch Schnepfen und Krammetsvögel, Stockfisch und Stör und jene verlockenden Pasteten von allerlei Wildbret und vielerlei Meeresgetier. Aber – Johanna Kuß will ausdrücklich einen „Rat mit in's tägliche Leben geben für den einfachen, bürgerlichen Haushalt". Sie will zum Sparen anregen „ohne zu knickern und zu geizen" und bringt unerfahrenen Hausfrauen die Führung des Wirtschaftsunternehmens Haushalt bei. Zu einer Zeit, als die „Davidis" bereits zur Pflichtlektüre junger Bräute gehörte.

Die ältesten kochbuchähnlichen Aufzeichnungen der Welt stammen von Marcus Gavius Apicius, einem Zeitgenossen

Kochbücher sind seit jeher nicht nur für die Pfannenschwinger interessant. Sie legen auch Zeugnis ihrer Zeit ab.

Christi, einem Feinschmecker und Erfinder extravaganter Gerichte, die er mit Stolz für die Nachwelt aufschrieb. 1498 wurde sein „De re coquinaria" erstmals gedruckt – und bis heute immer wieder aufgelegt. Die älteste deutsche Rezeptsammlung, die „Würzburger Handschrift", stammt aus dem 14. Jahrhundert, im November 1485 erschien das erste wirklich deutsche Kochbuch, die berühmt gewordene „Kuchemaistrey". Alles Anweisungen für Experten, die für gehobene Stände Delikates zu zaubern hatten. Erst zu Beginn des vorigen Jahrhunderts entstanden die ersten Kochbücher „für alle Stände", Geschriebenes, Gekochtes auch für den einfachen Haushalt. Blättert man allerdings parallel zum Werk über Kulinaritäten im Buch der Geschichte, dann will einem doch scheinen, daß diese Kochkunst-Fibeln eine Utopie gewesen sein müssen. Für das Volk war es eine Zeit der Unruhen, der kriegerischen Auseinandersetzungen, der Wirtschafts- und Agrarkrisen, der Hungersnot und Mißernten. In den Städten entstanden „Suppenanstalten" für die Armen. Wer mag da die Anregungen für „einfache" Küche, für die „wohlfeile Art" gelesen haben. Dennoch – im 19. Jahrhundert schrieben immer mehr „praktische Köchinnen", „Hausmütter", „Wirtschafterinnen" und „Vorsitzende von Haus- und Frauen-Vereinen" ihre Koch-Erfahrungen nieder, Autorinnen, die gerne mit „die gute Köchin" unterzeichneten.

Zu allen diesen gehörte eine 1801 geborene Pastorentochter, die 1844 mit ihrem „Praktischen Kochbuch für die gewöhnliche und feinere Küche" einen Bestseller auf den Markt brachte. Henriette Davidis überzeugte durch ihre „zuverlässigen und selbstgeprüften Rezepte der gewöhnlichen und feineren Küche". Das von ihr zwar nicht erfundene, aber popularisierte „Man nehme" machte die Runde, bis heute werden astronomische Davidis-Auflagen vermeldet. Gewiß – auch sie orientierte sich an der Zeit, präsentierte einen gefüllten Kalbsbraten am Spieß mit immerhin 16/17 Pfund, briet Ochsenfleisch im 15-Kilo-Stück, gab Anweisungen für Pfauen und Schildkröten („... man nehme nicht zu große Tiere, die ... am Morgen des dem Gebrauch vorangehenden Tages bei den Hinterfüßen aufgehängt ... werden"). Sie empfiehlt ausländische Speisen von der „Batavia-Suppe von indischen Vogelnestern" bis zu Bärentatzen und Biberschwanz. Aber: Sie lehrt mehr als alle anderen auch die einfache, die „normale" Kost. Während sich die einen – meist weiblichen Geschlechts – mit Rezepten abplagten, ergaben sich andere – meist männlichen

Erst zu Beginn des vorigen Jahrhunderts entstanden die ersten Kochbücher „für alle Stände", Geschriebenes, Gekochtes auch für den einfachen Haushalt.

Folgende Doppelseite: Wissenswertes zur Kochkunst, aufgezeichnet durch die Jahrhunderte

Geschlechts – den philosophischen Gedanken über den Geist
der Kochkunst. Gastrosophische Werke aller Prägung er-
schienen, delektierten sich an Himmelsspeisen oder wetter-
ten gegen die Laster der Schleckerei und des Schlemmens.
Karl Friedrich Freiherr von Rumohr, der im 18. Jahrhundert
auch in Holstein lebte, kämpfte gegen die „vergeudende Ge-
fräßigkeit oder gefräßige Vergeudung" und legte den Frauen
am heimischen Herd die Überlieferung der nationalen Kochkunst ans Herz. Er versucht, dem „ … Deutschen Appetit zu
machen, das Produkt seines Bodens für den … Tafelgenuß
ganz auszunutzen … Mögest du künftig an dem feinen Aroma leicht zu erzielender Küchenkräuter, an der guten und gut
bereiteteten Qualität deiner Landesprodukte ein recht tuniges
Gefallen erwerben …" Wer sich von Rumohr raten und hel-
fen lassen will: Auch sein Werk wird bis heute nachgedruckt
und gern gelesen.

Kürbissuppe und Schweinsbäckle

Schweinebacke in reichlich Wasser zum Kochen bringen. Bei kleiner Hitze 12–15 Minuten garen. Herausheben und auskühlen lassen. Zwiebel sehr fein würfeln und in der Butter goldgelb anschwitzen. Mehl überstäuben und kurz mitschwitzen. Mit Brühe ablöschen. Kürbis blättrig schneiden, in die Brühe geben. Bei mittlerer Hitze dünsten, bis der Kürbis sehr weich ist. Den Topfdeckel dabei offenlassen. Schmand, Petersilie und Gewürze hinzufügen. Aufkochen lassen. Suppe pürieren und durch ein Sieb geben.
Schweinebacke in Scheiben schneiden. Ohne Fett in einer Pfanne beidseitig kurz rösten. Auf Küchenkrepp abtropfen lassen. In mundgerechte Stücke schneiden und in der heißen Suppe servieren.

Ein Tip:
Als jahreszeitliche Variante kann man den Kürbis durch Mohrrüben oder Steckrüben ersetzen.

Vorspeise
4 Personen

150–200 g Schweinebacke
1 kleine Zwiebel
50 g Butter
15 g Mehl
500 g vollreifes Kürbisfleisch
$^3/_8$ l kräftige Geflügelbrühe
100 ccm Schmand oder
Sauerrahm
3 Stengel glatte Petersilie
Salz
Pfeffer
Zucker
1 Msp. Ingwer

Folgende Doppelseite:
Holsteiner Ziegenquark im
Salatnest

Pankeraner Jagdfasan
mit Hagebuttensoße

Hauptgericht
4 Personen

1 junger Fasanenhahn von
etwa 1 kg
4 Scheiben fetter Speck
1 EL Schweineschmalz
$^{1}/_{4}$ l Wildfond oder brauner
Geflügelfond
1 Kräutersträußchen (2 Zweige
Majoran, 1 Zweig Thymian,
1 Lorbeerblatt, 1 Nelke,
6 Wacholderbeeren)
4 cl trockener Sherry
100 ccm Schmand
20 g Mehlbutter
2 EL Hagebuttenmark

Röstkartoffeln und Gemüse als
Beilage

Fasan wie üblich vorbereiten, mit Speck belegen, in Form binden. Rundherum sorgfältig in Schmalz anbraten. Bei 200 Grad im Ofen 30 Minuten garen, herausnehmen, abdecken und ruhen lassen. Fond mit dem Kräutersträußchen aufkochen, bei kleiner Hitze um die Hälfte einkochen. Sherry, Schmand und Mehlbutter gut unterrühren, noch 5 Minuten köcheln lassen. Hagebuttenmark hinzufügen.

Fasan tranchieren und warmstellen. Das Knochengerüst zerhacken und kräftig auspressen. Saft durch ein Sieb in die Hagebuttensoße geben.

Dazu schmecken am besten Röstkartoffeln – kleine Grünkohlkartoffeln, die in der Schale gegart und dann abgepellt und in Butterschmalz rundherum braun geröstet werden.

Als Gemüse schmecken Mohrrüben, Rosenkohl und Teltower Rübchen, die vorbereitet, gegart und dann in Butter geschwenkt werden.

Holsteiner Ziegenquark im Salatnest

Ziegenquark kühl stellen.

Die frisch gehackten Kräuter mit $\frac{1}{8}$ l Öl mischen, Salz und Pfeffer darübermahlen. Salate vorbereiten, Radieschen in Stifte schneiden. Salate und Radieschen mit dem restlichen Öl und mit Essig milde marinieren.

Quark mit einem Löffel abstechen, auf die Teller geben. Salat und Radieschen nestartig drumherum legen. Sonnenblumenkerne in einer flachen Pfanne kurz rösten, über den Salat streuen. Kräuteröl über den Ziegenquark geben.

Dazu ißt man kräftiges Vollkornbrot.

Nachspeise
4 Personen

200 g Ziegenquark
2 EL gehackte frische Kräuter
(z. B. glatte Petersilie,
Schnittlauch, Majoran,
Basilikum, wenig Rosmarin)
$\frac{1}{4}$ l kaltgepreßtes Öl –
Distel oder Olive
Meersalz
Pfeffer
1 kleiner Kopf Gartensalat
100 g Feldsalat
1 Bund Radieschen
Rotweinessig
2 EL Sonnenblumenkerne

Vollkornbrot als Beilage

Folgende Doppelseite:
Kieler Sprotten – eine Spezialität
von der Waterkant

Von Konserviertem und Dauerhaftem

„Das Einmachen junger Gemüse geschieht in Blechbüchsen, welche hermetisch verschlossen Jahre lang aufbewahrt werden können … Zum Löten der heiß angefüllten Büchsen erfordert es einen geschickten und zuverlässigen Blecharbeiter …" Anweisung an die allgemeine Hausfrau, bei Henriette Davidis 1858 nachzulesen. Die Kochexpertin beschrieb auch, wie man das Konservierte wieder von seiner Blechbüchse befreien konnte: „Das Aufmachen geschieht entweder durch Einschlagen des Deckels mittels eines Beiles oder mit einem alten Messer und einem glühenden Purreisen …"

Die Konservierung frischer Nahrungsmittel war zu allen Zeiten ein Problem, nicht nur im Norden.

Die Konservierung frischer Nahrungsmittel war zu allen Zeiten ein Problem, nicht nur im Norden. Vier wesentliche Methoden kannte man, um den Überfluß der einen Jahreszeit für den Mangel der anderen nutzbar zu machen. Man säuerte, salzte, trocknete, räucherte.

Das Salz für die Fische begründete Lübecks Ruhm als Hansestadt. Fisch wurde aber auch getrocknet – wie der Ol Fesk auf Helgoland, der als Notnahrung vor allem auf Schiffsreisen galt. Fisch wurde geräuchert – schon um 1400 ließen sich die Preetzer Klosterdamen Kieler Bücklinge herbeischaffen, ab 1768 entstanden in Eckernförde die zahlreichen Räuchereien, die jährlich Zehntausende Kieler Sprotten versandten.

Fisch wurde auch lebend verschickt – wie ohnehin alles Meeresgetier als beliebtes Geschenk galt und gern auf fürstlichen Frachtwegen von Hofküche zu Hofküche gerollt wurde. Aale verpackte man in frisch abgeschnittenem Gras, Krebse in einem Korb mit frischen Brennesseln. Karpfen und Schleien steckte man ein mit Branntwein angefeuchtetes Stück Schwarzbrot ins Maul „wodurch namentlich letztere lange am Leben bleiben". Im Winter legte man Fisch in Schnee und schickte ihn „so weit es auch seyn mag. Die Fisch erstarren und scheinen tot zu seyn. Wann sie ankommen, legt man sie in kaltes Wasser, worin sie sogleich lebendig werden und munter umherschwimmen …"

Kühlschränke gab es noch nicht, aber Eiskeller hatte man auf dem Lande entwickelt, viele Meter tief gegrabene Höhlen, die im Winter mit großen Eisblöcken ausgepackt und als unterirdische Kühlräume genutzt wurden. Im 19. Jahrhundert hatte alles Mühen um Konservierung Erfolg. 1810 schon erwarb ein Lübecker Schiffsmakler ein Patent für Lebensmittel-Konservierung in Blechdosen. An Schiffsproviant hatte er

vornehmlich gedacht, 1825 gelang es, den ersten Fisch ein-
zudosen. Um 1870 entstanden die ersten Kühlhäuser in
Deutschland. Linde hatte seinen Kühlschrank entwickelt und
in allen Seefischereihäfen wurden nach und nach Kühlmöglichkeiten für die frisch angelandete Ware erbaut. Schlutup,
ein Stadtteil in Lübeck, entwickelte sich zur Fischbratküche
Europas, nachdem die ersten Fischkonservenfabriken auf-
blühten. 1935 schließlich kam der erste Tiefkühlfisch auf un-
seren Markt.

Das Räuchern war seit altersher Sache der Hausfrau. An den
Balken in den Rauchhäusern hingen Würste und Schinken,
Speckseiten galten als Vorrat für alle Tage. In einem Reise-
buch wird Holstein als ein „Tempel des Bauches" beschrieben, das Eingesalzene und Geräucherte habe hohes Ansehen.
Der Schinken, am burgundischen Hof vor Jahrhunderten erfunden, so sagt man, der Schinken war als lübsche Spezialität in ganz Nordeuropa ein Begriff. Theodor Storm schrieb:
„Von Holstein sind vor allem drei Dinge zu rühmen – seine
reine Luft, seine hübschen Mädchen und seine kernigen Ka-
ten-Schinken." Schinken und Geräuchertes wurden zum festen Bestandteil der norddeutschen Küche. Wie Geräuchertes aufzubewahren war, das schrieb man der jungen Hausfrau
ins Ratgeberbuch: „Gut geräuchertes Fleisch, Speck, geräucherte Schinken und Cervelatwürste können sechs bis acht
und mehrere Jahre lang ohne alles Verderben aufbewahrt
werden. Man sucht eine trockene Kammer aus, streuet auf
den Boden reine büchene Asche, legt die geräucherten Sa-
chen darauf, streut über dieselbe ungefähr ein halb Zoll wieder Asche und fähret damit fort, so hoch man will. Wann etwas davon gebraucht werden soll, kann die Asche mit einer
scharfen Bürste leicht weggebracht werden …" Über die Güte und Frische häuslicher Nahrungsmittel befanden und
murrten höchstens Familienmitglieder und Diensthabende.
Für den Verkauf aber gab es die öffentlich bestallten Fleisch-
beschauer. Sie steckten ihre Nase hinein in Fisch und Fleisch
und richteten sich nach Verfügungen, von denen 1822 eine
folgendermaßen klingt: „Findet sich an dem Speck, sobald
man ihn bis auf die Schwarte eingeschnitten hat, ein verdäch-
tiger Geruch, so ist Fäulnis eingetreten, und er ist nicht mehr
genießbar, noch an Leute als Speise vorzusetzen, noch Armen zu verschenken. Man kann ihn dann jedoch zu ander-
weitigen Zwecken in der Haushaltung gebrauchen – als zu
Wagenschmiere, Schuhschmiere und zum Sielenzeug …"

Das Räuchern war seit altersher
Sache der Hausfrau. An den
Balken in den Rauchhäusern
hingen Würste und Schinken,
Speckseiten galten als Vorrat für
alle Tage.

Folgende Doppelseite:
Buchweizenpfannkuchen
nordisch garniert

149

Buchweizenpfannkuchen
nordisch garniert

Vorspeise
4 Personen

Teig:
100 g Buchweizenmehl
$^1/_4$ l Sahne
2 mittlere Eigelb
2 mittlere Eiweiß
Butterschmalz zum Ausbacken

Füllung:
150 g Schmand oder Sauerrahm
2 Matjesfilets (in Streifen
geschnitten)
80 g Nordseekrabben
100 g marinierter Lachs
40 g Forellenkaviar
Dill

Buchweizenmehl, Sahne und Eigelb gut verrühren. Eiweiß steif schlagen und unterheben. Butterschmalz in der Pfanne auslassen. Pro Person bei nicht zu großer Hitze 3 kleine Pfannkuchen ausbacken (je Seite etwa 2 Minuten).
Pfannkuchen auf einen Teller geben. Schmand oder Sauerrahm cremig rühren und in die Mitte der drei Pfannkuchen geben. Matjes, Krabben, Lachs und Kaviar ansehnlich darauf verteilen. Mit Dill garnieren.

Gänsekeule süßsauer

Gänsekeulen vorbereiten und waschen. Zutaten für die Kochbrühe in einen hohen Topf geben, Gänsekeulen dazulegen, zum Kochen bringen. Auf kleiner Flamme köcheln lassen. Gänsekeulen herausnehmen, sobald sie gar sind (das kann 2–2 $\frac{1}{2}$ Stunden dauern). Warm stellen. Brühe durch ein Sieb geben. Zucker in einer flachen Pfanne karamelisieren, mit $\frac{1}{2}$ l Fond ablöschen. Aufkochen lassen. Stärkemehl mit wenig Wasser anrühren, in die Soße geben. Aufkochen lassen. Pfanne beiseite stellen. Gänsekeulen mit Zucker bestreuen, mit Butter rundherum bei hoher Hitze in einer Pfanne sehr schnell sehr braun braten.

Gänsekeulen mit der Soße servieren. Dazu gibt es Bratkartoffeln und saisonfrischen Salat mit einer Kräutermarinade.

Ein Tip:
Gänsekeulen können gut vorbereitet werden, sie halten sich, kühl gestellt, 5–6 Wochen in dem Fond, der obenauf eine Fettschicht bildet. Bei Gebrauch im Fond etwa 20 Minuten erhitzen.

Hauptgericht
4 Personen

4 Gänsekeulen à 450 g

Kochbrühe:
4 l Wasser
1 l Kräuteressig
250 g Zucker
1 geh. TL Salz
1 EL schwarze Pfefferkörner
1 EL Senfkörner
1 kleines Stück Ingwer
1 mittelgroße Zwiebel,
mit Nelken gespickt

Soße:
3 geh. EL Zucker
1 geh. EL Stärkemehl

Zucker und Butter zum Braten

Bratkartoffeln und frischer Salat
als Beilage

Rote Grütze

Nachspeise
4 Personen

100 g Sauerkirschen, entsteint
100 g schwarze Johannisbeeren
100 g Himbeeren
100 g Erdbeeren
$^1/_4$ l Wasser oder Sauerkirschsaft
200 g Zucker
1 unbehandelte Zitrone
1 Stange Kaneel
1 Vanilleschote
2 leicht geh. EL Stärkemehl

Milch, Sahne oder Vanillesoße
als Beigabe

Obst säubern und vorbereiten. Wasser oder Saft mit Zucker, Zitronensaft, abgehobelter Zitronenschale und der aufgeschlitzten Vanilleschote zum Kochen bringen. Eine Handvoll Obst beiseite stellen. Den Rest in die Kochflüssigkeit geben und einmal aufwallen lassen. Topf sofort vom Herd nehmen. Stärkemehl mit wenig Wasser anrühren, unter die Früchte rühren. Einmal aufkochen. Vanilleschote herausheben, ausschaben, das Mark in die Grütze geben. Zitronenschale und Kaneel herausnehmen. Das beiseite gestellte Obst pürieren und unter die fertige Grütze rühren. Nicht mehr kochen. Die Grütze kann warm oder kalt gegessen werden. Man serviert dazu Milch, Sahne oder Vanillesoße.

Ein Tip:
Mancher Schleswig-Holsteiner gibt einen Schuß Rum oder Rotwein unter die fertige Rote Grütze.

Von Tischsitten und vom Eßgerät

„Alles Fluchen, Gotteslästern, leichtfertige Schwören, überhaupt alles gottlose Wesen, Völlerei und Mißbrauch an Kost
und Getränken soll an unserm Hofe durchaus verboten sein."
Herzogin Christine sorgte 1588 im Kieler Schloß für Ordnung. Sie meinte damit durchaus nicht nur das „Hofgesinde".
Ihre „Hof- und Speiseordnung" war auch diktiert worden für
„Unsern freundlichen, lieben Sohn und Unsere lieben Fräu-
lein Töchter". Ihnen allen verordnete sie eine Etikette, wie sie
der berühmte Erasmus von Rotterdam bereits 1530 für alle
Stände geschrieben hatte. Benimmregeln für Haus und Hof
und im Miteinander mit jedermann. Herzogin Christine sorgte darüber hinaus dafür, daß Sparsamkeit bei Hofe regierte.
Es darf nichts umkommen – diesem Vorsatz widmete sie ein
ganzes, ausführliches Kapitel. Der Futtermarschall war der
Hüter aller verderblichen Güter und hatte jeden Mißbrauch
zu melden. Wer wieviel zu welcher Zeit an welchem Tische
speisen, wer wann was trinken durfte – Herzogin Christine
hatte dafür Anweisungen gegeben. Der Küchenschreiber hatte „fleißig aufzuschreiben, was täglich in Küche und Keller,
Backhaus und Futterboden aufgeht, auch was in Unserer Küche geschlachtct und zur Aufräucherung in die Bauernhäuser
oder auf die Meierhöfe gebracht wird".
Bei Hofe lebte es sich gut in jenen Zeiten. Die Speiseregister
beweisen es, der Spruch „Hunger ist ein scharfes Kraut" galt
nur auf dem Lande und bei den Armen der Städte.
Doch wo es sich gut lebte, entstanden auch „barbarische Sit-
ten", wie es Herzog Johann Adolf von Gottorf nannte, der
1687 seine Tischordnung schrieb. Er sorgte dafür, daß „keiner unflätig und säuisch isset und sich sonsten ungebärdig
mit Schlagen und Stoßen erweiset". Es muß schon rauh zuge-
gangen sein am Gottorfer Hof, sonst hätte der oberste Herr-
scher nicht detailliert Strafen anordnen müssen. Wer seinen
Tischgenossen vor, unter oder nach der Mahlzeit mit Knochen oder Fischgräten bewarf, zahlte drei Schillinge Buße,
und wer gar „das Tischgeräth zerhacket, zerreißet, zerschnei-
det, zerstoßet, zerritzet, durchbohret", mußte nicht nur den Scha-
den ersetzen, sondern zusätzlich vier bis acht Schillinge als
Strafe bezahlen. Auch wurde hart bestraft, wer „unter währen-
der Mahlzeit einen anderen schlägt, oder so jemand ein Messer auf einen zücket, gar ausziehet, ihn damit dräuet, verlet-
zet oder gefährlich verwundet". Arrest drohte dem erwischten

Wer wieviel zu welcher Zeit an
welchem Tische speisen, wer
wann was trinken durfte –
Herzogin Christine hatte dafür
Anweisungen gegeben.

Schuldigen. In „geziemender Stille und Ehrbarkeit" hatte man sich an die Tafel zu begeben und nicht ungebeten „in die Schüssel zu langen". Und wenn einem die Hofküche nicht zusagte – das galt ohnehin für alle Tischzuchten –, dann hatte man darüber zu schweigen. „Wer über den Küchenschreiber oder die Köchin schmähet, selbige ausschilt, fluchet oder sie sonst zur Ungebühr tractieret, verbricht vier Schilling."

Ordnungen solcher Art blieben durchaus nicht auf höfisches Zeremoniell beschränkt. 1792 zum Beispiel nahm sich Pastor Witt auf Sylt der bürgerlichen Jugend an und unterrichtete sie – schriftlich! – in den „nötigen Sachkenntnissen". Vieles findet sich wieder an Höflichkeiten, was bei Hofe üblich geworden war. Aber es ging auch um die Eßsitten ganz allgemein: „Wo man aus einer Schüssel speiset, da lange nicht zuerst noch begierig zu. Nimm gerade vor dir, greif nicht nach den besten Stücken. Wenig anständige Sitte verrät es, wenn Du Halbverzehrtes einem anderen reichst. Brot, von dem du schon gegessen hast, wieder in die Brühe zu tauchen, ist bäuerisch, wie es auch nicht fein ist, die Speisen aus dem Munde herauszunehmen und auf das Brot zu legen. Löffel, Messer und Gabel fasse nicht mit der ganzen Hand, sondern nur mit den Fingern. Das Essen berühre, so wenig als möglich mit den Fingern. Reiß nicht mit den Zähnen an den Knochen … Zerkäue die Speisen ohne Schmatzen und ohne Öffnung des Mundes, lass die Zunge nicht aus dem Munde hervorragen, schlucke die Bissen nicht zu begierig hinunter …" Endlos geht das so weiter.

Claus Harms, der Kieler Prediger, der solches las, befand allerdings, daß derlei Vorschriften durchaus noch nicht für den Landmann gültig gewesen sein konnten. 1843 schrieb er: „Wo fand man auf dem Lande Gabeln im Gebrauch vor 50 Jahren? Damals wußte kein Landmann sich mit einer Gabel zu behelfen bei Tische. Waren sie aber auch selbst in Frankreich am Ende des 16. Jahrhunderts neu, daß ein Spötter von den vornehmern Essern sprach und der mehrzackigen Forke."

Wo vom gescheuerten Tisch gegessen wurde, wo der Löffel das wichtigste Tischgerät blieb und vorgeschnittene Brocken vom Holzbrett mit der Messerspitze zum Mund geführt wurden, da brauchte man keine Regeln höfischer Zucht. Man hatte seine eigenen Abläufe auf dem Lande. Der Hausherr saß obenan, ihm stand der „Vörsmack" zu, danach griff man in ganz geordneter Reihenfolge in die gemeinsame Schüssel. Hausangestellte hatten es dort besser, wo man am gemeinsa-

Wo vom gescheuerten Tisch gegessen wurde, wo der Löffel das wichtigste Tischgerät blieb und vorgeschnittene Brocken vom Holzbrett mit der Messerspitze zum Mund geführt wurden, da brauchte man keine Regeln höfischer Zucht.

men Tisch aß und nicht die Güte der Speisen nach Herren-
tisch und Gesindetisch trennte. Aber noch im 20. Jahrhundert
gab es Familien, in denen die Kinder bei Tisch stehen mußten. Sie und das Gesinde freuten sich ein ganzes langes Jahr
auf den „Vullbuuksabend", den Abend der vollen Bäuche zur
Weihnachtszeit, „da man sülben itt un sülben snitt". Dann
nämlich durften sie alleine bestimmen, was und wieviel sie
essen wollten. Einen ganzen Abend lang.
In einigen Gegenden Schleswig-Holsteins, vor allem in Angeln, hat sich bis heute eine Sitte erhalten, die auch im Osten
gepflegt wurde – das „Nötigen", die uralte Höflichkeitsform
zwischen Gast und Gastgeber. Ein Ritual, das den Wert des
Dargebotenen unterstreichen soll – was durchaus zu ver-
gnüglichen Situationen führen kann. Denn wenn der Gastgeber in wohlgeübten Worten zu Tisch bittet und zu Speis und
Trank auffordert, dann muß der Gast – so will es die Sitte des
Nötigens – wortreich dankend ablehnen. Nach dreifacher
Wiederholung dieses Manövers darf der hungrige, durstige
Gast endlich zu seinem Wohl gelangen – eine harte Prüfung
für Gierige. Zugleich eine arge List geiziger Gastgeber, die
letzteres in Wahrheit gar nicht sein wollen. Man kann das
Spiel ja nach zwei Durchgängen beenden … Ein Relikt aus
Zeiten alter Tischzuchten, eine Höflichkeit, die sich ohne
Zweifel überlebt hat.

In einigen Gegenden Schleswig-
Holsteins, vor allem in Angeln,
hat sich bis heute eine Sitte
erhalten, die auch im Osten
gepflegt wurde – das „Nötigen".

Folgende Doppelseite:
Messer und Gabel waren beim
Landvolk nicht üblich. Man aß
mit dem Löffel.

Sauerampfercreme mit Safransahne

Vorspeise
6 Personen

60 g Butter
40 g Mehl
1 l Kalbsbrühe
$^1/_8$ l Sahne
1 großes Bund Sauerampfer
Salz
Pfeffer
3 EL steifgeschlagene Sahne
3 Eigelb
2 Döschen gemahlener Safran

Butter auslassen, Mehl darin anschwitzen, mit der Brühe ablöschen und einmal aufkochen. Sahne unterrühren. Sauerampfer gut verlesen und vom Stiel trennen. In sehr feine Streifen schneiden und zur Suppe geben. Eigelb und Safran unter die Sahne rühren. Suppe in Tassen füllen, Sahnehaube aufsetzen, bei starker Oberhitze im Ofen goldgelb überbacken. Sofort servieren.

Folgende Doppelseite:
Gefüllte Holsteiner Schweine-
rippe

Gefüllte Holsteiner Schweinerippe

Schweinerippe innen und außen salzen und pfeffern.
Füllung:
Die kleingewürfelten Brötchen mit der lauwarmen Milch übergießen, quellen lassen. Eier und Rum unterrühren. Rosinen waschen und dazugeben. Äpfel schälen, in nicht zu kleine Würfel oder Scheiben schneiden und unterheben. Gehackte Petersilie dazugeben. Mit Salz, Pfeffer, Zimt und Beifuß würzen. Füllung in die Tasche stopfen, Tasche zunähen. Schweinerippe rundherum in Butterschmalz anbraten. In den vorgeheizten Ofen stellen und bei 200–220 Grad 1^1/$_2$–2 Stunden garen. Nach 10 Minuten das geputzte, kleingeschnittene Suppengemüse dazugeben. Brühe angießen. Schweinerippe regelmäßig mit Bratenfond übergießen, nach der halben Bratenzeit wenden. Mit Bier übergießen. Wenn die Oberseite zu dunkel wird, mit Folie abdecken. Schweinerippe aus dem Ofen nehmen, abgedeckt 10 Minuten ruhen lassen. Bratenfond durch ein Sieb geben, bei kleiner Hitze köcheln lassen. Abschmecken mit Salz und Pfeffer. Schweinerippe in dicke Scheiben schneiden und mit der Soße servieren.
Dazu schmecken Kartoffelklöße und karamelisierte Schwarzwurzeln.
Kartoffelklöße:
Pellkartoffeln durchpressen. Mit den Eiern gut verrühren. Mehl und Gewürze unterrühren. Toastbrot in Würfel schneiden, in der Pfanne ohne Fett rundherum rösten. Klöße aus dem Kartoffelteig formen, in die Mitte ein Loch drücken, Brotwürfel hineinstecken. Kartoffelklöße in Salzwasser bei geringer Hitze garziehen. Herausheben und abtropfen lassen.
Karamelisierte Schwarzwurzeln:
Schwarzwurzeln schälen, in Zitronenwasser legen (damit sie nicht braun werden). Fingerlange Stücke schneiden, in reichlich Salzwasser mit einer halben Zitrone garen. Herausheben, trockentupfen. Butter in der Pfanne auslassen. Zucker hineinrühren, kurz erhitzen. Schwarzwurzeln dazugeben und durchschwenken.

Tip:
Die Füllung schmeckt sehr gut, wenn statt der Rosinen entsteinte Backpflaumen verwendet werden. Man muß für dieses Menü dann aber eine andere Nachspeise zubereiten.

Hauptgericht
6 Personen

2 kg Schweinerippe (vom Schlachter vorbereiten und Tasche einschneiden lassen, Schwarte in Rauten einritzen)
Salz
Pfeffer

Füllung:
3 altbackene Brötchen
^{1}/$_8$ l Milch
3 Eier
15 ml Rum
75 g Rosinen
2 mittelgroße Boskopäpfel
2 Stengel Petersilie
Salz
Pfeffer
1 Prise Zimt
1 Prise Beifuß
Butterschmalz zum Braten
1 Bund Suppengemüse
^{1}/$_2$–1 l Schinkenknochenbrühe
^{1}/$_4$ l Bier

Kartoffelklöße:
750 g Pellkartoffeln
3 mittlere Eier
225 g Mehl
1 gestr. TL Salz
1 Msp. Muskat
2 Scheiben Toastbrot

Karamelisierte Schwarzwurzeln:
1,2 kg Schwarzwurzeln
1 unbehandelte Zitrone
Salz
25 g Butter
1 geh. EL Zucker

161

Gefüllte Backpflaumen im Teig auf Eiergrogschaum

Nachspeise
6 Personen

18 große, weiche Backpflaumen
(ohne Stein)
18 ganze Mandeln (ohne Haut)
50 g Marzipan

Teig zum Ausbacken:
$^{1}/_{8}$ l Bier
125 g Mehl
1 Eigelb
1 TL Öl
1 Eiweiß
20 g Zucker

Mehl
Fett zum Ausbacken
bittere Schokoladenraspel

Eiergrogschaum:
5 Eigelb
5 EL trockener Weißwein
5 EL Rum
100 g Zucker

Jede Pflaume mit einer Mandel und mit einem Würfel Marzipan füllen. Zudrücken. Teig zum Ausbacken zusammenrühren: Aus Bier, Mehl, Eigelb und Öl eine geschmeidige Masse rühren. Eiweiß mit dem Zucker sehr steif schlagen, unter den Bierteig geben. Pflaumen kurz durch Mehl rollen, in Teig tauchen, in heißem Fett in 1–2 Minuten goldbraun ausbacken. Etwas auskühlen lassen.

Für den Eiergrogschaum sämtliche Zutaten gut verschlagen. Im heißen Wasserbad cremig aufschlagen.

Eiergrogschaum auf den Teller geben. Die ausgebackenen Pflaumen durch die Schokoladenraspel rollen und in die Soße legen. Mit einem Minzblatt dekorieren.

Vom Feiern und von Festen

„Am ausgelassensten hat man wohl um 1600 gelebt. Essen, und zwar viel Essen, unmäßig viel Trinken, war auch in besseren Kreisen allgemeiner Mißbrauch … Da fast in jedem Bürgerhaus ein Gewehr zu finden und das Degentragen sehr gewöhnlich war, so ging kaum ein Gelage ohne Blutvergießen vorüber …" Chronikalische Nachdenklichkeit eines Predigers im Holsteinischen, der über die „Verderbtheit des Landvolks" grübelte. Kein Einzelfall. Christian IV. zum Beispiel verordnete den Bürgern von Glückstadt, daß sie bei Gilden, Gelagen und anderen Gastereien „nach gehaltener Mahlzeit ihre Tölche und Messer dem Wirth im Haus bis auf den folgenden Morgen" zu überlassen hätten. Zu oft seien Menschen bei solchen Gelegenheiten „um ihre Gesundheit und Stärke" gebracht worden. Auf Sylt war es vor Jahrhunderten gar Sitte, daß die Frauen bei inseltypischen Hochzeitsfeiern als Gäste die Streithammer ihrer Männer bei sich trugen. Mehr noch: Vorsorglich packten sie auch gleich sein Leichenhemd mit ein. Man konnte nie wissen …
Gemeinschaftliche Fröhlichkeit in Stadt und Land war durch alle Zeiten allgemein. Wo immer sich eine Möglichkeit bot, dem arbeitsreichen Alltag durch fröhliche Feiern Glanzlichter aufzusetzen, da waren jung und alt dabei. Rund ums Jahr und rund ums Leben fand man Anlaß genug.
Beerschuppen und Köste nannte man das Zusammensein – die Namen zeigen, daß es auch stets um guten Trunk und gute Kost ging. Erbbier, Kinnelbeer, Erntebier, Fockbier, Richelbeer, Fensterbier und andere, es sind nur ein paar Beispiele – wie Swiensköst und Ossenköst, Botterköst und Wokerblomenköst. Man feierte die Lebensfeste, wenn Geburt oder Hochzeit für das ganze Dorf zur Freude wurden oder der Tod alle zum gemeinsamen Gräff zusammenrief. Man feierte die Feste des Jahres, trieb den Winter aus und begrüßte den Frühling, verjagte Schädlinge oder Unkraut, freute sich über jede Ernte und Schlachtefeste und erging sich in Winterspielen und Mummenschanz, wenn die dunkle Jahreszeit anbrach. Man befeierte den neuen Nachbarn, begoß ein neues Haus, trieb Vieh auf die Weiden und rief auf zu sportlichem Wettstreit bei Ring- und Rolandreiten. Gilde- und Zunftfeste hatten ihr Ritual ebenso wie historische Gedenktage. Und jeder Markttag, auch der Kieler Umschlag, wurden Anlaß zu gemeinsamem fröhlichen Treiben. „Een Mund vull Snack, een

Wo immer sich eine Möglichkeit bot, dem arbeitsreichen Alltag durch fröhliche Feiern Glanzlichter aufzusetzen, da waren jung und alt dabei.

Folgende Doppelseite:
Beim Festefeiern wurden manche Flaschen geleert.

165

Piep Toback, een kolen Drunk, een lust'gen Sprung" – das gehörte dazu, wenn ein Fest gut sein sollte. Und wenn Speis und Trank nicht reichten, dann lieferte jeder dazu.

Gewiß – es ging durchaus nicht immer gesittet und gemäß obrigkeitlicher Ordnungen zu. Allzuoft in den Jahrhunderten hatten Polizei und Geistlichkeit Grund zur Klage, vor allem, seit gebrannte Getränke zu billig und für jedermann erschwinglich wurden. „ … Was Wunder, wenn dieses Leib und Seele gleichermaßen zerrüttende Getränk wie Wasser getrunken wird …" schrieb ein Pastor erschüttert, der sonntags vor leeren Kirchenbänken stand. Zeitzeugen berichten von „Horden vollgesoffener Weiblichkeit", vom „nächtlichen Sauffen und Umschwieren", von den bösen Begleiterscheinungen der Fastnachtsbiere: „ … daß dabei große Unordnung gehalten wird, indem daß sich viel leichtfertiges Gesinde herzugesellt und die ganze Nacht hindurch war große Schande und Laster, Mord und Totschlag, samt Unzucht und Leichtfertigkeit …" Freud und Leid, das wird deutlich, wurden stets miteinander geteilt, daß dabei Unmengen von Branntwein durch die Kehlen rannen, gehörte zur Mannes-, zuweilen auch zur Weiberehre. Aber das gute Essen mußte auch sein. Lange Zeit galten Tafelfreuden, ausgiebig gefüllte Tische, eine grenzenlose Gastfreundschaft weit mehr als ein geistiges Miteinander. Die Menge des Dargebotenen war das Maß der Wertschätzung. Die Obrigkeit versuchte immer wieder, dagegen einzuschreiten. Maßhalte-Appelle, Vorschriften über Einschränkung der Ausgaben waren an der Tagesordnung, Beschränkung der Lebensumstände wurden immer neu gesetzlich verkündet. Christian VII. zum Beispiel versuchte 1783, gegen die Schwelgereien seiner Untertanen zu Felde zu ziehen. Seine Vorschriften zur Sparsamkeit betrafen die Kleidung ebenso wie den Aufwand an Dienstpersonal und Wohnungseinrichtungen und Speisen: „Niemand darf bei Gastgeboten zu Mittage künftig mehr geben als acht Gerichte, kleine und große Schüsseln einbegriffen. Und dazu außer den Salaten und was inländisch dahingerechnet wird, höchstens vier Sorten Dessertsachen, außer Früchten, die hier gewachsen sind …" Ob sich die Untertanen solchem Zwang beugten, ist zweifelhaft. Nicht umsonst schlich häufig ein ungebetener Gast herum, ein amtlich bestallter Köstenkieker oder Visitator, der zu kontrollieren hatte, ob alles nach Vorschrift vor sich ging. Seinem „unbestechlichen" Urteil wurde gern mit ein wenig Branntwein nachgeholfen …

Freud und Leid, das wird deutlich, wurden stets miteinander geteilt, daß dabei Unmengen von Branntwein durch die Kehlen rannen, gehörte zur Mannes-, zuweilen auch zur Weiberehre. Aber das gute Essen mußte auch sein.

Lauchsuppe mit Räucheraal

Rinderbrühe mit dem Grünen vom Lauch zum Kochen bringen, 10 Minuten köcheln lassen bei kleiner Hitze. Kartoffeln schälen, in Würfel schneiden und in der Brühe 10–12 Minuten garen. Suppe pürieren. Den restlichen Lauch in sehr feine Würfel schneiden und in die Suppe geben. Einmal aufkochen. Sahne unterrühren. Mit Salz, Muskat, Pfeffer und einem Spritzer Angostura würzen. Toastbrot in winzige Würfel schneiden und mit der Butter sehr kroß rösten. Räucheraal in feine Würfel schneiden, in die heiße Suppe geben, sofort servieren. Mit frischem Dill garnieren. Die gerösteten Brotwürfel getrennt dazureichen.

Vorspeise
4 Personen

$1/2$ l Rinderbrühe
300 g geputzter Lauch
(= Porree)
200 g Kartoffeln
$1/4$ l Sahne
Salz
Muskat
Pfeffer
Angostura
1 Scheibe Toastbrot
10 g Butter
30 g Räucheraal (ohne Gräten)
frischer Dill

Folgende Doppelseite:
Lauchsuppe mit Räucheraal

Eingebackener Hasenrücken

Hauptgericht
4 Personen

2 Hasenrücken
(oder Kaninchenrücken)
1 l Buttermilch
30 g Butterschmalz

Teig:
300 g Mehl
$\frac{1}{8}$ l Wasser
1 Ei
1 EL Essig

Füllung:
200 g Wildkleinfleisch
100 g Gänseleber
50 g fetter Speck
40 g Sahne
1 Ei
Salz
Pfeffer
1 TL Thymian
1 TL Cognac
100 g frische Champignons
20 g Butter
1 großer Boskop

Soße:
ausgelöste Knochen der
Hasenrücken
1 Markröhre
1 Bund Suppengemüse
1 TL Thymian
1 EL Lavendel
1 Zwiebel
200 ccm Rotwein
200 ccm Rinderbrühe
2 cl Cognac
30 g kalte Butter

Hasenrücken im Teig:
die vorbereiteten Hasenrücken
die vorbereitete Füllung
der vorbereitete Teig
1 Eigelb
2 EL schwarzes Johannisbeergelee

Kohlhäubchen:
1 kleiner Wirsingkohl
Salz
80 g durchwachsener Speck
40 g Zwiebeln
Pfeffer
gemahlener Kümmel
Butterschmalz

Hasenrücken von den Knochen lösen, 30 Minuten in Buttermilch legen. Mit Küchenkrepp abtupfen, in Butterschmalz rundherum scharf anbraten. Beiseite stellen.

Teig:
Mehl, Wasser, Ei und Essig zu einem geschmeidigen Strudelteig kneten. Gut schlagen. Kühl stellen.

Füllung:
Wildkleinfleisch und Gänseleber nach und nach in einer Küchenmaschine pürieren. Speck sehr fein würfeln und dazugeben. Sahne und Ei unterrühren. Mit Salz, Pfeffer, Thymian und Cognac würzen. Champignons säubern, grob hacken und kurz in heißer Butter schwenken. Zur Füllung geben. Boskop schälen, würfeln und dazugeben. Kühl stellen.

Soße:
Die Knochen und das geputzte Suppengemüse im Ofen anrösten. Gewürze dazugeben. Mit Rotwein und Brühe ablöschen. 60 Minuten bei kleiner Hitze köcheln lassen. Durch ein Sieb geben. Fond um die Hälfte einkochen. Kurz vor dem Servieren den Cognac unterrühren. Die kalte Butter flockenweise unterheben.

Hasenrücken im Teig:
Teig erneut gut kneten und schlagen, auf einem bemehlten Handtuch hauchdünn ausziehen. Vier Rechtecke schneiden. Jeweils einen vorbereiteten Hasenrückenstreifen und ein Viertel der vorbereiteten Füllung auf dem Teig verteilen. Gut einschlagen. Auf ein mit Backtrennpapier ausgelegtes Blech setzen. Mit verquirltem Eigelb abstreichen. Bei 180 Grad im Ofen 15–20 Minuten backen. Herausnehmen. Mit Johannisbeergelee abpinseln. Sofort servieren.

Kohlhäubchen:
Kohlblätter einzeln vom Kopf lösen. Die zentralen Rippen herausschneiden. Kohlblätter in Salzwasser blanchieren. Etwa acht große Kohlblätter trockentupfen (je Person etwa 50 g Kohl). Mit Salz, Pfeffer und Kümmel würzen. Speck und Zwiebel in sehr feine Würfel schneiden und ausbraten. Jedes Kohlblatt einzeln in eine Schöpfkelle legen, mit kleingeschnittenem Kohl etwas auspolstern, mit 1 Eßlöffel Speck-Zwiebel-Gemisch füllen und vorsichtig zudrehen. Umdrehen und in einen Bräter legen. Wenn alle Kohlhäubchen gefüllt sind, werden sie mit Butterschmalz abgestrichen und im Backofen (zusammen mit den Hasenrücken) 15–20 Minuten geschmort.

Honigcreme mit Früchtepüree

Sahne sehr steif schlagen. Den Honig nach und nach unterheben. Die in kaltem Wasser eingeweichte und ausgedrückte Gelatine vorsichtig unter die Sahne heben. Mit Zimt würzen. Kühl stellen. Brombeeren durch ein sehr feines Haarsieb streichen, mit Puderzucker verrühren. Brombeerlikör zufügen. Früchtepüree in Dessertschalen geben. Honigcreme mit einer Spritztülle dekorativ auf das Früchtepüree setzen. 30 Minuten kühl stellen.

Nachspeise
4 Personen

¹/₄ l Sahne
4 EL Akazienhonig
3 Blatt weiße Gelatine
1 Prise Zimt
200 g Brombeeren
(frisch oder tiefgekühlt)
4 EL Puderzucker
1 EL Brombeerlikör

Folgende Doppelseite:
In diesen Körben wurden
Kartoffeln oder Obst
transportiert.

Vom Siegeszug der Kartoffel

Man warf sie den Hunden vor, die sie verschmähten. Wie die Menschen. Damit war das Urteil gesprochen: „Die Dinger riechen nicht, schmecken nicht, und nicht einmal die Hunde mögen sie fressen. Was wäre uns damit geholfen!" Die „Dinger", das waren die ersten Kartoffeln in Pommern, die Friedrich der Große nach der Hungersnot von 1743/44 seinen Landsleuten als rettendes Nahrungsmittel verordnen wollte. Doch die Rechnung hatte er ohne seine Bauern gemacht. Lange dauerte es, bis der feldmäßige Anbau erzwungen wurde.

Die Geschichte der Kartoffel und ihres mühevollen Weges auf unsere Teller ist legendenumwoben. Es ist widerlegt, daß Sir Francis Drake der Überbringer war, nachweislich war es die hierzulande aus klimatischen Gründen nicht anzupflanzende Süßkartoffel, die der Seeheld seiner Königin Elizabeth I. 1581 als Geschenk brachte. Vor ihm hatte ein englischer Sklavenhändler bereits 1564 mit der ehemaligen Hansekogge „Jesus of Lubek" die süße Verwandte des Erdapfels mitgebracht.

Es stimmt allerdings, daß die Erdfrucht bereits im 16. Jahrhundert in ihrer Urheimat, den Andenhochländern Südamerikas, eine Hauptnahrung war. Bei den Inkas lernte ein spanischer Seefahrer sie 1526 kennen. „Diese mehligen Wurzeln waren von gutem Geschmack, ein für die Indianer sehr angenehmes und ein köstliches Gericht, sogar für die Spanier!" schrieb er.

Philipp II. von Spanien erhielt 1565 die ersten als Geschenk, einige soll er dem Heiligen Vater zur „gesundheitlichen Stärkung" weitergereicht haben. Einige sollen nach Flandern gegangen und zu Experimentiergut des flandrischen Botanikers Carolus Clusius geworden sein. Ein Chronist aus jener Zeit: „… eine Erdnuß, welche, nachdem sie gegart ist, so zart wie eine gekochte Kastanie ist und nicht mehr Haut als eine Trüffel hat, sie wächst in der gleichen Weise unter der Erde …"

Als Nahrungsmittel allerdings wurde die Pottäsk noch immer nicht überall erkannt. Während man sich am Pariser Hof an ihr delektierte, während sich die Italiener bereits für sie begeisterten, während die Spanier die Erdfrucht als Überlebensmittel auf Seereisen schätzen gelernt hatten, zeigte man im deutschen Sprachraum Ekel. 1621 wurde die erste Kartoffel in Deutschland gepflanzt – aber nicht als Gemüse. Sie war den Botanikern in die Hände geraten, und die interessierten

Die Geschichte der Kartoffel und ihres mühevollen Weges auf unsere Teller ist legendenumwoben.

176

sich für die Farbigkeit der Blüten und für das üppige Laub. Das neue Gewächs wurde zur exotischen Zierpflanze in Lustgärten und mancherorts auch zur Heilpflanze in Arzneigärten. Die Mär von der Teufelsknolle in der Erde wurde genährt, nachdem sich Neugierige durch den Genuß der Fruchtstände Vergiftungen zugezogen hatten.

Auch im Osten, wo Friedrich der Große unermüdlich für die seltsame Knolle stritt, galt sie als Nahrungsmittel für Tagelöhner und Kleinbauern. In Schleswig-Holstein sorgte ein Knollen-Prediger für den Durchbruch. Philipp Ernst Lüders, Propst aus Glücksburg, widmete sich neben seinem kirchlichen Dienst vor allem der Landwirtschaft. Rund fünfzig Bücher verfaßte er über Agrarthemen, darunter ein Traktat über die Potato. 1740 hatte er das erste Kartoffelfeld angelegt, jahrzehntelang zog er von Hof zu Hof, um die Bauern von der Feldfrucht zu überzeugen und um den Hausfrauen beizubringen, was sie alles aus dem neuen Gemüse machen konnten. 1765 endlich kam der große Durchbruch, im Norden Schleswig-Holsteins fanden sich bedeutende Kartoffelfelder. Als in den 60er Jahren der dänische König Siedler für die Heideflächen Nordjütlands suchte, da kamen viele aus dem Odenwald, einige aber auch aus dem nahen Schleswiger Gebiet und brachten die Kartoffel als neue Frucht gleich mit nach Dänemark. 1200 deutsche Familien waren es insgesamt, die „Kartoffeldeutschen". Das 19. Jahrhundert mit all seinen Wirren und wirtschaftlichen Nöten verhalf der Kartoffel zum Sieg. Auf dem entlegenen Fehmarn übrigens dauerte es noch bis 1811, bis ein Schiffer die „Schietappeln" einführte. Aber endlich wurde erkannt, vor allem bei größeren Bauern und adligen Grundherren, daß die Kartoffel ein großartiges Viehfutter und zugleich eine billige Gesindekost war und daß damit auch die Abhängigkeit von Mißernten und Getreide problemlos wurde. Und daß man schließlich die Erdfrucht zu haltbarem Trink- und Brennspiritus verarbeiten konnte. Die entstehende Schlempe war ideal für die Schweinemast. Der Siegeszug der Kartoffel war gesichert. Im 19. Jahrhundert entstand eine richtige „Kartoffel-Literatur", Spezialkochbücher wurden geschrieben, Kochkurse unternommen. Die Kartoffel löste endgültig die tägliche Grütze auf dem Tisch der Norddeutschen ab.

Heute ist der Norden ein Kartoffel-Import-Land. Nur in Zeiten der schleswig-holsteinischen Frühkartoffeln verlangt man ausdrücklich nach der heimischen Knolle.

Auch im Osten, wo Friedrich der Große unermüdlich für die seltsame Knolle stritt, galt sie als Nahrungsmittel für Tagelöhner und Kleinbauern. In Schleswig-Holstein sorgte ein Knollen-Prediger für dehn Durchbruch.

Folgende Doppelseite:
Das Kartoffelmenü: Sülze von
Kartoffeln und Schlei-Barsch;
Grünholzer Rehkeule mit
Kartoffelroulade; Kartoffel-
kuchen und Schaumsoße

Sülze von Kartoffeln und Schlei-Barsch

Vorspeise
4–6 Personen

Fond:
1 l Wasser
$^{1}/_{2}$ l trockener Weißwein
3 EL Weinessig
5 EL Distelöl
1 Msp. Salz
1 Prise schwarzer Pfeffer
2 Nelken
1 Lorbeerblatt
300 g geputzter Porree
200 g geputzte Sellerieknolle

Gemüse:
50 g Mohrrüben
30 g Sellerie
1 Zitrone
10 g Butter
500 g festkochende Kartoffeln
30 g Salatgurke
50 g weiße Champignons
3 EL frisch geschnittener Dill

Fisch für die Sülze:
4 Filets vom Schlei-Barsch
(alternativ Egli-Filet),
je 100–150 g
$^{1}/_{4}$ l vom vorbereiteten Fond
2 EL trockener Weißwein

Sülze:
Fond
Weißwein
12 Blatt weiße Gelatine
1–2 Stengel frischer Dill
Gemüsemischung
Fischfilet

Schnittlauchcreme:
150 g Crème fraîche
1 TL Zitronensaft
2 EL frisch geschnittener
Schnittlauch
1 Prise weißer Pfeffer
1 Prise Salz

Fond: Sämtliche Zutaten für den Fond verrühren, zum Kochen bringen, bei mittlerer Hitze auf $^{3}/_{4}$ l einkochen. Durch ein Sieb geben.

Gemüse:
Mohrrüben und Sellerie in sehr feine Würfel schneiden, in Zitronensaft und Butter bei geringer Hitze (etwa 8–10 Minuten) garen. Kartoffeln in fingerdicke Streifen schneiden und in den vorbereiteten Fond geben. Bei kleiner Hitze garziehen lassen (etwa 8–10 Minuten). Das Gemüse muß „Biß" behalten. Kartoffeln, Mohrrüben und Sellerie gut abtropfen lassen. Miteinander vorsichtig vermischen. Gurke in Würfel schneiden, Champignons in Scheiben schneiden, beides unter die Gemüsemischung heben. Den feingeschnittenen Dill dazugeben.

Fisch für die Sülze:
Fischfilets gut säubern, in Fond und Weißwein bei kleiner Hitze 2–3 Minuten garen. Herausheben und auskühlen lassen.

Sülze:
Den vorbereiteten Fond, auch die Kochflüssigkeit für das Fischfilet, zum Kochen bringen. Klären, falls notwendig. Abmessen, notfalls auf 1 l auffüllen mit Weißwein. Zum Kochen bringen. Die in kaltem Wasser eingeweichte, ausgedrückte Gelatine unterrühren. Durch ein Sieb gießen. Sülzform daumenbreit mit dem klaren Fond ausgießen. Kaltstellen, bis sich eine erstarrte Schicht gebildet hat. Schichtweise das Gemüse und das Fischfilet dekorativ einfüllen. Den restlichen lauwarmen Fond darübergießen. Kühl stellen. Wenn die obere Schicht erstarrt, dekorativ Dill darüberlegen. Über Nacht auskühlen lassen.

Schnittlauchcreme:
Sämtliche Zutaten für die Schnittlauchcreme gut verrühren. Kühl stellen.
Sülze stürzen und in dicke Scheiben schneiden, Schnittlauchcreme angießen. Sehr kalt servieren.

Grünholzer Rehkeule mit Kartoffelroulade

Rehkeule auslösen und häuten (dabei ist wichtig, daß der Knochen hohl ausgelöst wird, das Fleisch also nicht zerschnitten wird). Knochen, Haut, Sehnen, Fleischreste beiseite stellen. Rehkeule 24 Stunden in Buttermilch legen.

Am folgenden Tag wird die Rehkeule aus der Buttermilch herausgenommen. Abtropfen lassen, mit Salz und frisch gemahlenem Pfeffer gut einreiben. Öl in eine heiße Bratpfanne geben, Rehkeule rundherum kurz darin anbräunen. Mit Speckstreifen belegen. Zwiebeln, Mohrrüben und Sellerieknolle kleingeschnitten drumherumlegen. Rehkeule bei 160 Grad 40–50 Minuten braten. Herausnehmen und warm stellen.

Wildfond:
Knochen, Fleischreste, Haut und Sehnen in Speck und Öl gut anrösten, Zwiebeln, Mohrrübe und Sellerieknolle kleingeschnitten dazugeben und ebenfalls anrösten. Mit Rotwein ablöschen, mit Wasser angießen. Gewürze dazugeben. Bei mittlerer Hitze einkochen auf etwa $1/2$ Liter.

Wildsoße:
Wildfond mit Johannisbeergelee gut verrühren, zum Kochen bringen. Sahne oder Crème fraîche unterschlagen. Vom Herd nehmen. Die eiskalte Butter flockenweise unterrühren. Sofort servieren.

Kartoffelroulade:
Kartoffeln durchpressen. Zusammen mit der Butter schaumig rühren. Eier und Sahne gut verschlagen und unterrühren. Mehl mit den Gewürzen mischen, nach und nach unter die noch lauwarme Masse geben. Gut verkneten – der Teig muß ziemlich fest werden.

Wirsingblätter vom Kopf lösen, in Salzwasser blanchieren. Auf Alufolie ausbreiten und leicht salzen. Kartoffelmasse auf dem Blatt ausstreichen (pro Person 1 Blatt mit entsprechend viel Masse). Wirsingblätter mit der Masse zusammenrollen, fest in die Alufolie wickeln, an den Enden gut verschließen. In Salzwasser bei mittlerer Hitze 20–25 Minuten kochen. Aus dem Wasser herausheben, erkalten lassen. In fingerdicke Scheiben schneiden und leicht in Butter anbraten.

Rehkeule mit Kartoffelroulade, Wildsoße und herbstlichem Gemüse servieren. (Am besten Mohrrüben oder Brokkoli, kurz in Salzwasser gekocht und dann in Butter geschwenkt. Es schmeckt auch gut gekochter Rotkohl dazu.)

Hauptgericht
6 Personen

Rehkeule:
1 Rehkeule, ca. 1,2–1,5 kg
2 l Buttermilch

1 Handvoll Salz
schwarzer Pfeffer
3 EL Öl
30 g fetter Speck in Streifen
4 kleine Zwiebeln
2 Mohrrüben
$1/2$ kleine Sellerieknolle

Wildfond:
ca. 800 g Rehknochen,
Fleischreste, Haut und Sehnen
30 g Rauchspeck in Würfeln
3 EL Öl
2 kleine Zwiebeln
1 Mohrrübe
$1/2$ kleine Sellerieknolle
$1/4$ l Rotwein
$2 1/2$ l Wasser
10 zerdrückte Wacholderbeeren
1 TL weiße Pfefferkörner
1 Lorbeerblatt
1 Zweig Thymian
1 Zweig Rosmarin
1 TL Salz

Wildsoße:
Wildfond
1 EL Johannisbeergelee
$1/8$ l Sahne oder Crème fraîche
50 g eiskalte Butter

Kartoffelroulade:
300 g gekochte, mehlige
Kartoffeln
50 g Butter
1 Ei
1 Eigelb
3 EL Sahne
3–4 EL Mehl
1 Msp. Salz
1 Prise Muskat
6 mittelgroße Wirsingkohlblätter
Salz

Butter zum Braten
Gemüse als Beilage

Kartoffelkuchen und Schaumsoße

Nachspeise
4–6 Personen

Kartoffelkuchen:
$^1/_8$ l Milch
60 g Butter
100 g Zucker
45 g Kartoffelmehl
500 g rohe festkochende
Kartoffeln
$^1/_8$ l Sahne
Saft von einer Zitrone
2 mittelgroße Boskop-Äpfel
2 Eier
1 Prise Salz
1 Eiweiß

Schaumsoße:
6 Eigelb
80 g Zucker
$^1/_2$ l Apfelsaft
6 cl Kartoffelschnaps

Kartoffelkuchen: Milch leicht erwärmen. Butter und Zucker dazugeben. Kartoffelmehl sehr gut unterrühren. Kartoffeln sehr fein in die Milch reiben. Sahne und Zitronensaft schnell unterrühren. Äpfel schälen und in den Teig reiben. Salzen. Eigelb unterrühren. Eiweiß sehr steif schlagen und vorsichtig unterheben. Lange Kastenform ausfetten. Teig einfüllen. Backofen auf 160 Grad vorheizen. Fettpfanne mit Wasser füllen. Kuchenform hineinstellen. 1 $^1/_2$ Stunden ausbacken. 10 Minuten ruhen lassen.

Schaumsoße:
Eigelb und Zucker sehr schaumig rühren. Apfelsaft und Kartoffelschnaps gut einrühren. Im Wasserbad erhitzen und so lange schlagen, bis die Masse cremig ist.

Kartoffelkuchen stürzen und in Scheiben schneiden. Schaumsoße als Spiegel auf den Teller geben, Kuchen drauflegen.

Von Milch und ihren Produkten

Theodor Fontane schwärmte von der „glatten sauren Milch mit Brot und Zucker", die ihm im Norden gereicht worden war, und der wortgewaltige Graf Baudissin schrieb 1864 nach seiner Reise durch die nördlichsten Provinzen: „Den ersten Rang behauptet die saure Milch, eine sehr bequeme Speise, insonderheit, wenn sie geronnen, gewärmt und von der Waddike (der Molke) abgesondert, mit Milch oder Bier genossen wird. Zur Sommerzeit stillt es den Durst und die Hitze, daher es denn auch von den Dithmarsen viel gebraucht wird. Nach der sauren Milch nahm die Buttermilch den ersten Rang ein, aus der man auch eine sogenannte Käsebutter herstellte …" Milch und Buttermilch gehörten Jahrhunderte hindurch zum täglichen Getränk vieler Familien im Norden, vor allem auf der Geest und in den Familien, in denen die Milchverarbeitung in den Händen der Haus- und Bauersfrau lag. Milch war im Sommer ein ausgezeichneter Durstlöscher, auch Buttermilch. Auf den Halligen und nordfriesischen Inseln trank man gern Molke von den ausgedrückten Käsen. Die Geschichte belegt es: Milch hat es bei allen alten Kulturvölkern gegeben. Von den Germanen berichtet Caesar, daß sie ihm einen wohlschmeckenden Quark vorgesetzt hätten. Die abgesetzte Molke wurde getrunken. Karl der Große erließ für seine Krongüter exakte Richtlinien – dazu gehörten auch Vorschriften zur Herstellung von Butter und Käse und über die Lieferung festgesetzter Mengen. Butter, das begehrte Handelsobjekt der Hanse, anfangs noch in Norwegen hergestellt, verpackte man in Rinde. Auch als Schiffsproviant ging dieses Milchprodukt auf die Reise.

In Schleswig-Holstein sorgte die Haus- oder Bauersfrau für Milch und Milchprodukte. Je nach Größe ihres Betriebes standen ihr dabei Helfer zur Seite. Im 17. Jahrhundert kam dann die umwälzende Entwicklung. Holländer kamen ins Land und brachten ihre Kenntnisse einer jahrhundertealten land- und milchwirtschaftlichen Tradition mit. Viele von ihnen waren meisterhafte Meieristen. Diese zweite Einwanderungswelle von Niederländern in den deutschen Norden hatte religiöse Gründe. Blutige Religionskämpfe tobten vor allem in der zweiten Hälfte des 16. Jahrhunderts in Holland. Im Norden Deutschlands, in das die Obrigkeit Siedler rief, kamen unzählige Religionsflüchtlinge. Sie fanden eine neue Heimat und verursachten eine maßgebliche Veränderung der Agrar-

In Schleswig-Holstein sorgte die Haus- oder Bauersfrau für Milch und Milchprodukte.

183

struktur. Die bis dahin vorherrschende Ochsenmast stellten sie um auf intensive Milchwirtschaft, als „Kuhpächter" übernahmen sie die wesentliche Verantwortung. 1614 wurde der erste Pachtvertrag zwischen einem Gutsbesitzer und einem Niederländer geschlossen. Die Bezeichnung der Nationalität der Eingewanderten wurde bald zur Kennung eines neuen Berufsstandes. Die „Holländer" übernahmen vor allem auf den Gütern Ostholsteins und Angelns die viehreichen Herden und wurden Unternehmer mit eigenem Kapital. Die kleinsten Bestände hatten 50 Kühe, die größten bis zu 600 Milchkühe. Gutsholländer gab es bald überall – vorbildlich auch für den deutschen Osten. In den Jahrhunderten ihrer intensiven Arbeit sorgten die Holländer für eine höhere Qualität bei der Milch, für herausragende Butter, für schmackhaften Käse. Export machte sie berühmt und reich: „Die Holsteiner lieferten ihre Butter auch den Westindern und den Spaniern, und diese hochtrabenden, das Prächtige liebenden Leute wollten immer hochgefärbte goldige Butter haben. Daher die für die Spanier bestimmte Butter immer gefärbt werden muß …" So 1846 der Reiseschriftsteller J. G. Kohl. Tönning an der Eidermündung wurde zum Exporthafen der Holländer-Produkte, im besten Jahr verließen drei Millionen Pfund Käse den Hafen.

Die Holländereien mußten der Entwicklung Platz machen. 1903 lief der letzte Kuhpachtvertrag in der Elbmarsch aus, 1919 der letzte überhaupt in Holstein. Schleswig-Holstein gehörte zur Spitzenklasse nordeuropäischer Milchländer. Die Industrialisierung sorgte für den Umschwung. 1862 entstanden die ersten Sammelmolkereien, 1869 die erste Genossenschaftsmeierei, weitere 350 im ganzen Land in den achtziger Jahren. Es war das Ende der Büttenmeiereien, des Holländerwesens. Die Zentrifuge war 1874 erfunden worden, andere technische Einrichtungen veränderten die Arbeitsabläufe, veränderten den Markt. Der Handel fand neue Wege, die Milchversorgung der Menschen in Stadt und Land bekam eine andere Dimension. Der Milchmann mit Pferd und Wagen verschwand ebenso aus dem Straßenbild wie der fettglänzende Butterkerl, der die goldgelben Käseknöpfe und die Faßbutter über Land rollte.

Die Gegenwart schreibt das bisher problemreichste Kapitel in der variationsreichen Geschichte der Milchwirtschaft. Die politische Entwicklung zwingt zum Umdenken. Der Milchquotenbeschluß von Brüssel hat etwa $1\frac{1}{2}$ Millionen Euro-

Der Milchmann mit Pferd und Wagen verschwand ebenso aus dem Straßenbild wie der fettglänzende Butterkerl, der die goldgelben Käseknöpfe und die Faßbutter über Land rollte.

kühe das Leben gekostet. Gab es 1960 noch 48 000 Milch-
kuhhalter in Schleswig-Holstein, so ging die Zahl 1987
auf 14 200 zurück. Rund 380 000 Milchkühe gibt es noch
in Schleswig-Holstein – sie gehören zu den ungeliebten
EG-Mitgliedern. Dabei steigen die Milchleistungen rapide.
Extreme Zuchtmöglichkeiten, computergesteuerte Fütte-
rungsmethoden bringen die Kuh auf futuristische Milchmen-
gen. Die Elektronik hat Einzug gehalten in den Kuhstall, der
Speiseplan der vierbeinigen Milchproduzenten wird durch
die Wissenschaft bestimmt. Ein Ende der Leistungskurve ist
noch nicht absehbar. Vor zehn Jahren staunte man noch über
Kühe, die jährlich 5000 Liter schafften. Heute sprechen Experten von 10–12 000 Litern Jahresleistung und machen
glauben, daß das keine Utopie ist für die Zukunftskuh.
Sicher scheint auch, daß gaumentüchtige Tüftler weiterhin
für immer neue Milchprodukte sorgen werden, für eine Vielfalt an Käse-, Quark- und Joghurt-Spezialitäten, die zu einem
I-Punkt schleswig-holsteinischer Eßfreuden geworden sind.

Sicher scheint auch, daß gaumentüchtige Tüftler weiterhin für
immer neue Milchprodukte
sorgen werden, für eine Vielfalt
an Käse-, Quark- und Joghurt-
Spezialitäten, die zu einem
I-Punkt schleswig-holsteinischer
Eßfreuden geworden sind.

Folgende Doppelseite:
Milchkanne, Maßbecher und
anderes Küchengerät

Kraftbrühe vom Räucherfisch

Brühe: Schinkenknochen ein paar Stunden wässern. Mit dem geputzten Gemüse und 1 l Wasser zum Kochen bringen. Auf kleiner Hitze $1^{1}/_2$ Stunden köcheln lassen. In der Zwischenzeit den Räucherfisch von Haut und Gräten befreien. Fisch für die Suppeneinlage beiseite stellen. Haut, Gräten und Restfleisch zu der Brühe geben, 20 Minuten darin ziehen lassen. Brühe durch ein sehr feines Sieb geben und auskühlen lassen. Die kalte Rauchfischbrühe und $1/2$ l extra vorbereiteten Fischfond gut mit dem geschlagenen Eiweiß verrühren und bei kleiner Hitze zum Klären bringen. Durch ein Tuch gießen, sobald sich das Eiweiß abgesetzt hat. Mit Salz abschmecken.
Einlage:
Das Gemüse für die Einlage in wenig abgeschöpfter Rauchfischbrühe garen (Gemüse ganz nach Wunsch in feine Streifen, Würfel oder Rauten schneiden). Das Gemüse muß „Biß" behalten. Tomate in kochendes Wasser tauchen, mit kaltem Wasser abschrecken. Tomate häuten, entkernen und in feine Würfel schneiden. Vorgewärmte Teller dekorativ auslegen mit dem Rauchfisch, den gegarten Gemüsen und den Tomatenwürfeln. Heiße Brühe darübergießen, mit Petersilienblättern garnieren. Sofort servieren.

Schweinefilet im Kartoffelmantel

Fond: Die gehackten Knochen mit den Sehnen und der Speckschwarte gut in Öl anrösten. Suppengemüse putzen und kleingeschnitten dazugeben. Wasser aufgießen. Zum Kochen bringen. Bei kleiner Hitze 2 Stunden köcheln lassen. Durch ein feines Sieb geben. Bei kleiner Hitze weiter einkochen, bis etwa $^1/_4$ l Fond übriggeblieben ist.

Schweinefilet im Kartoffelmantel: Kartoffeln und Äpfel sehr fein reiben. In einem Tuch gut ausdrücken. Mit Salz, Pfeffer und Muskat würzen. Auf einem Tuch oder auf Alufolie $^1/_2$ cm dick ausstreichen.

Schweinefilet salzen und pfeffern, rundherum mit den Kräutern bestreuen, auf den Teig geben und einrollen. Jedes Stück für sich rundherum in den Kartoffel-Apfel-Teig einhüllen. (Das geht einfach mit Hilfe des Tuchs oder der Folie.) Im heißen Butterschmalz von allen Seiten anbraten. Im vorgeheizten Backofen (180–200 Grad) 12–15 Minuten garen.

Soße:

Schalotten würfeln, in der Butter anschwitzen, mit Wein ablöschen. Apfel in Würfeln dazugeben. Den Fond aufgießen, alles zusammen einkochen lassen. Mit Crème double abrühren (wer diese doppelsahnige Crème nicht bekommen kann, nimmt Crème fraîche).

Zum Schweinefilet im Kartoffelmantel und der sahnigen Soße schmecken junge Gartengemüse (z. B. Kohlrabi, Mohrrüben und Porree), auf „Biß" gegart und in Butter geschwenkt.

Hauptgericht
4 Personen

Fond:
500 g Schweine- oder Kalbsknochen,
Sehnen vom Schweinefilet
1 geräucherte Speckschwarte
2 EL Öl
1 Bund Suppengemüse
$1^1/_2$ l Wasser

Schweinefilet im Kartoffelmantel:
500 g geschälte Kartoffeln (mehlige Sorte)
300 g Äpfel (Cox Orange oder Boskop)
1 Msp. Salz
1 Msp. Pfeffer
1 Prise Muskat
je Person 140–150 g Schweinefilet (Mittelstücke)
1 geh. EL frisch gehackte Küchenkräuter (Petersilie. Schnittlauch, Estragon, Thymian, Rosmarin)
Butterschmalz zum Braten

Soße:
4 Schalotten
15 g Butter
$^1/_8$ l trockener Weißwein
1 Apfel (Cox Orange oder Boskop)
$^1/_4$ l vorbereiteter Fond
4 EL Crème double (evtl. Crème fraîche)

Gartengemüse als Beilage

Folgende Doppelseite:
Gefüllte Birne auf Zimtsoße

Gefüllte Birne auf Zimtsoße

Magerquark in einem Tuch leicht ausdrücken, mit Preiselbeerkonfitüre verrühren. Birnen schälen, unmittelbar am Stengel halbieren (der Stengel muß an einer Hälfte stehenbleiben), mit Zitronensaft beträufeln. Kerngehäuse großzügig aushöhlen. Quark in die Höhle füllen, Birnenhälften jeweils zusammensetzen. Birnen rundherum mit Quark bestreichen und anschließend durch die kleingehackten Nüsse rollen (dabei faßt man die zusammengesetzte Birne vorsichtig am Stiel an und stellt sie nach dem Rollen auf).

Zimtsoße:

Milch mit Kaneel, Salz und Zimt zum Kochen bringen. Vom Herd nehmen. Eigelb und Zucker weißschaumig rühren. Nach und nach die Zimtmilch – durch ein feines Sieb – dazurühren. Unter ständigem Rühren auf der noch warmen Herdplatte oder im heißen Wasserbad erhitzen, bis eine cremige Soße entsteht. (Nicht kochen lassen.) Im Eiswasser kaltrühren. Eierlikör und steifgeschlagene Sahne unterheben.

Ein Tip:

Sollten nur sehr feste Birnen erhältlich sein, dünstet man sie nach dem Schälen in wenig Weißwein mit Zucker, bis sie sich leicht durchbeißen lassen. Sehr gut schmeckt es, wenn man zu Hasel- und Walnüssen auch noch Pistazien gibt.

Nachspeise
4 Personen

150 g Magerquark
1 TL Preiselbeerkonfitüre
4 mittelgroße, sehr saftige, reife Birnen
Saft von $1/2$ Zitrone
50 g Haselnüsse
50 g Walnüsse

Zimtsoße:
200 ccm Milch
$1/2$ Stange Kaneel
1 Prise Salz
1 Msp. Zimtpuder
3 Eigelb
3 EL Zucker
2 cl Eierlikör
$1/8$ l Sahne

192

Von der Ochsentour im Norden

„Auf seinem fetten Körper trägt der jütische Ochse Fleisch, das an Wohlgeschmack das der meisten anderen europäischen Rassen übertrifft. Die Fasern sind fein, das Fett dringt daher zwischen ihnen ins Fleisch und lagert sich in dünnen Schichten zwischen den Muskeln, während es bei anderen Rassen als eine Schicht Speck über trockenem und zähem Fleisch liegt …“ So einer jener tüchtigen Ochsenhändler, die zwischen Nord und Süd ihr Vieh anpriesen und die wahren Ozeane von Ochsen in Ströme blanker Taler umsetzten. Der Ochse war für den ganzen Norden das Barometer des Wirtschaftslebens. Eine Zeit harten Handelns, knochentreibender Mühsal der Viehknechte, blühender Geschäftigkeit der Krüge und Kröger. Romantisiert stellt sich dar, was auf Hunderten von Kilometern Generationen hindurch um immer wieder Zigtausende von Ochsen geschah: „Einsam lagen sie da, die Ochsenwege. Aber wenn im Frühling die Luft wärmer wurde, dann wurden sie belebt. Große Herden wurden südwärts getrieben, eine folgte der anderen, die Zöllner hatten harte Tage, und auch in den Krügen gab es viel zu tun. Das Hü und Ho, Peitschenschläge und kräftige Flüche der Treiber hielten die Herden zusammen … Ihnen folgten in breiten, behäbigen Reisewagen die Händler, die Besitzer der Ochsenherden, gern gesehene Personen auf Bauernhöfen und in Herrenhäusern … Der Ochsenhandel hatte wieder begonnen …“

Die heutigen Verkehrsadern gen Norden folgen noch immer den uralten breiten, ausgetretenen Sandbahnen, auf denen einst die Herden von Ochsen gen Süden getrieben wurden. Wege, deren verkehrsgeschichtliche Bedeutung bis in die Bronzezeit zurückreicht. Wege, die gesäumt sind von vorgeschichtlichen Denkmälern, Gräben, Wallburgen. Im Norden, bei Schleswig, streifen sie das Gebiet, das einst von den Wikingern zur bedeutendsten Handelsmetropole des Nordens gemacht worden war. Haithabu, die erste frühgeschichtliche Siedlung, um 804 entstanden an der kürzesten Landbrücke zwischen Nord- und Ostsee, bis zur Zerstörung durch die Slawen im Jahr 1066 ein blühendes Wirtschaftszentrum an der Handelsstraße zwischen Schlei und Eider. Auch solche Geschichte säumt den Ochsenweg. Auf den Wegen zogen Könige und ihre Heere, Missionare und Handelsleute hinauf und hinab, verbanden den Norden der cimbrischen Halbinsel mit dem Süden und vollzogen hier den wirtschaftlichen, po-

Die heutigen Verkehrsadern gen Norden folgen noch immer den uralten breiten, ausgetretenen Sandbahnen, auf denen einst die Herden von Ochsen gen Süden getrieben wurden.

Folgende Doppelseite:
Herbergssuchende mußten
verpflegt werden.

litischen und geistigen Austausch zwischen Nord- und Mitteleuropa. Zweifellos eine der Hauptschlagadern europäischer Geschichte.

Schon im Mittelalter wurden
Mastochsen auf zwei Wegen vom
Norden zur Elbe getrieben.

Schon im Mittelalter wurden Mastochsen auf zwei Wegen vom Norden zur Elbe getrieben. Westlich ging es von Ripen aus über Tondern nach Husum, wo bis in unsere Zeit Viehmärkte von kaum vorstellbarem Ausmaß abgehalten wurden. Zeugen der gar nicht so uralt-vergangenen Viehmarkt-Herrlichkeit finden sich noch – vor allem in Städten wie Husum. Da stehen die Schankwirtschaften auf der Neustadt, die ihre Geschichten erzählen können. Man trinkt sein Bier dort, wo einst die weißen Kittel der Viehhändler hingen, wo die Geldkatzen an den Nagel gehängt und die Handschlag-Geschäfte heruntergespült wurden. Der Ausspann im rückwärtigen Haus besteht wie eh, Tränken und Rinnen und kopfige Steine verbergen hinter museal wirkender Sauberkeit lebendige Geschichte.

Von Husum trieb man die Herden weiter über Hollingstedt an die Eider bei Rendsburg. Hier gesellten sich die ostwärts getriebenen Ochsen dazu – von Hadersleben über Flensburg und Schleswig gekommen, durch die Kropperheide bis zum Eiderübergang gebracht. Südlich der Eider ging es weiter bis nach Bramstedt und Wedel, auch nach Dithmarschen oder ins Lauenburgische. In den Elbmarschen, rund um Hamburg, auch jenseits, im niedersächsischen Gebiet, wurde das Vieh gegräst, verkauft, verhandelt. Exportiert in alle Welt. Seit dem 16. Jahrhundert war die Ochsenaufzucht für die Landwirtschaft im Norden eine wesentliche Einnahmequelle, für alle am straff organisierten Handel Beteiligten auch. Erst der Strukturwandel der mitteleuropäischen Landwirtschaft, auch der Bau von Eisenbahnen, veränderten diesen Markt.

Wo sich noch weit bis ins 19. Jahrhundert hinein Postkutschen durch den zermahlenen Sand gewühlt hatten, entstanden ab 1820/30 die ersten Kunststraßen, auch für Reisende brachen neue Zeiten an. Immer schon hatte, wer unterwegs war, eine Herberge für die Nacht gebraucht, Rastplatz für Speis und Trank, Tränke und Futterplatz für die vierbeinigen „Verkehrsmittel". Schon zu Zeiten Karls des Großen hören wir von gastlichen Häusern für Reisende. Im Norden sorgten die Dänenkönige vom 12. Jahrhundert an dafür, daß an Königswegen und Fähren Krüge angelegt wurden. Königin Margarethe I. bestimmte 1396, daß alle vierte Meile ein Krug zu errichten sei, ab 1522 gab es an den großen Heer- und Handelswegen Einkehrmöglichkeit bei königlich privilegierten Krögern. Letztere durften ihr eigenes Bier brauen, Schnaps brennen, Handel mit Speis und Trank treiben – aber ihnen drohte auch die Todesstrafe, wenn sie einem Herbergssuchenden die Unterkunft verwehrten. 112 solcher privilegierter Krüge gibt es noch in Dänemark, in Schleswig-Holstein noch einen. Der Historische Krug in Oeversee liegt am alten Ochsen- und Heerweg. Geschichte hat er auf seine Art geschrieben, als das blutige Ringen zwischen Österreichern und Dänen 1864 vor seinen Toren stattfand und der Krug zur Herberge für die Verwundeten wurde. Heute hält hier Einkehr, wer Besonderes sucht, in der Tradition der alten Wikinger aber auch jener Zeiten, als noch die Viehtreiber mit ihren jütischen Ochsen für quirlige Betriebsamkeit sorgten.

Der Historische Krug in Oeversee liegt am alten Ochsen- und Heerweg.

197

Löwenzahnsüppchen mit Perlgraupen

Vorspeise
4 Personen

100 g Perlgraupen
400 g Löwenzahn ohne Stiele
2 Schalotten
20 g Butter
$^1/_2$ l Geflügelbrühe
$^1/_4$ l Sahne (flüssig)
100 g Butter
100 ccm Sahne (steifgeschlagen)
Salz
Pfeffer

Perlgraupen wie gewohnt einweichen und garen (40-50 Minuten, nicht zu weich werden lassen). Beiseite stellen. Löwenzahn waschen, grob hacken und zusammen mit den sehr fein gehackten Schalotten in Butter anschwitzen. Brühe dazugeben, aufkochen lassen. Sahne unterrühren, nochmals aufwallen lassen. Suppe pürieren und durch ein Sieb geben. Die sehr kalte Butter unterrühren, die steifgeschlagene Sahne unterheben. Mit Salz und Pfeffer abschmecken. Perlgraupen dazugeben.
Suppe beim Servieren mit Löwenzahn garnieren (kurz in kochendes Wasser tauchen, dann in Eiswasser abschrecken und abtropfen lassen).

Ein Tip:
Sollte nicht genügend frischer Löwenzahn zu pflücken sein, dann nimmt man frischen Spinat.

Gekräuterter Mastochsenrücken aus dem Buchenholzrauch

Mastochsenrücken von den Sehnen befreien. Fleisch mit Salz und Pfeffer einreiben. Aus Thymian, Rosmarin, Majoran, Senf und Honig im Mixer eine Paste zubereiten. Mastochsenrücken damit kräftig einreiben. Fleisch in das gut gewässerte, trockengetupfte Schweinenetz einschlagen. Grill mit Buchenholz heizen. Wenn eine weiße Glut entstanden ist, das Fleisch auf den Rost legen. Je nach Größe 35–45 Minuten garen. Mehrfach wenden. Fleisch 10–15 Minuten an einem warmen Ort ruhen lassen.

Soße:
Sehnen und Knochen im Ofen braun rösten. Das geputzte Suppengemüse dazugeben. Tomatenmark und Kräuter hinzufügen. Brühe angießen, köcheln lassen. Nach 20 Minuten wird die Soße durch ein Sieb gegossen. Bei mittlerer Hitze auf die Hälfte einkochen. Eiskalte Butter flockenartig unterrühren. Mit Salz und Pfeffer abschmecken.

Variante:
Wenn das Fleisch nicht auf dem offenen Grill zubereitet werden kann oder soll, dann brät man es im Ofen (Vorbereitung wie oben beschrieben). Auf den fertig ins Schweinenetz eingeschlagenen Mastochsenrücken Butterflocken setzen. Im vorgeheizten Ofen bei 180–200 Grad 20–25 Minuten garen. Ruhen lassen. Soße wie oben beschrieben zubereiten. Den Fleischfond kurz vor dem Servieren noch dazugeben.

Ein Tip:
Man erreicht auch im Backofen einen leichten Buchenholz-Rauchgeschmack, wenn man auf dem Boden des Backofens etwas Alufolie ausbreitet und Buchenholzmehl darüberstreut. Mit Hilfe des Grills wird das Mehl zum Glühen und zum Räuchern gebracht. Fleisch erst dann in den Ofen schieben. Wie oben beschrieben braten.

Fortsetzung auf Seite 200

Hauptgericht
6 Personen

Braten:
1,2–1,4 kg ausgelöster
Mastochsenrücken
Salz
Pfeffer
1 Zweig Thymian
1 Zweig Rosmarin
1 Zweig Majoran
1 EL mittelscharfer Senf
2 EL Waldhonig
1 großes Schweinenetz

Soße:
1 kg Rinderknochen
1 Bund gewürfeltes
Suppengemüse
1 EL Tomatenmark
1 Zweig Rosmarin
1 Zweig Thymian
1 l Rinderbrühe
100 g eiskalte Butter
Salz
Pfeffer

Schinkenkartoffeln:
400 g Kartoffeln
100 g feingewürfelter Schinken
Pfeffer
$^1/_4$ l Brühe

Gestovte Bohnen:
600 g junge feine grüne Bohnen
Salz
$^1/_4$ l Rinderbrühe
$^1/_4$ l Sahne
1 geh. TL Speisestärke
Salz

Zu Mastochsenrücken in Kräutern reicht man Schinkenkartoffeln und gestovte Bohnen:

Schinkenkartoffeln:

Kartoffeln schälen und sehr dünn hobeln. Mit dem Schinken abwechselnd in eine feuerfeste Form geben. Pfeffern, mit Brühe auffüllen. 15–20 Minuten bei 180 Grad im Ofen garen.

Gestovte Bohnen:

Bohnen putzen und in reichlich Salzwasser garen. Sie müssen noch einen „Biß" behalten. Herausheben und in Eiswasser abschrecken. Brühe aufkochen, Sahne dazugeben, erhitzen. Speisestärke mit sehr wenig Wasser ausrühren, zu der Brühe geben. Unter Rühren erhitzen, bis eine leicht sämige Soße entsteht. Mit Salz abschmecken. Bohnen hineingeben und kurz erhitzen.

Rhabarberschaum
auf frischen Erdbeeren

Rhabarberschaum: Rhabarber waschen, kleinschneiden, mit Zucker, Zitronensaft und Orangensaft aufkochen. Im Mixer pürieren. Durch ein Sieb streichen. Die in kaltem Wasser eingeweichte, ausgedrückte Gelatine in die warme Rhabarbermasse einrühren. Auf Handwärme abkühlen. Eigelb gut unterrühren. Mit Zimt und Nelkenpulver abschmecken. Abkühlen lassen. Die geschlagene Sahne unterheben. Eiweiß mit Puderzucker sehr steifschlagen und unterheben. Rhabarbermasse in Förmchen (keine Metallformen verwenden, sie oxydieren!) füllen und 2 Stunden kühl stellen.

Erdbeerpüree:
Erdbeeren waschen und putzen. Die Hälfte der Früchte zum Garnieren heraussuchen und beiseite stellen. Die restlichen Erdbeeren mit Puderzucker bestreuen und mit Rum und Orangenlikör begießen. 30 Minuten stehenlassen. Im Mixer zu Püree schlagen.

Zum Anrichten füllt man Erdbeersoße auf den Teller und stürzt in die Mitte den Rhabarberschaum aus den Förmchen. Mit den restlichen Erdbeeren garnieren. Wer mag, legt zum Schmuck noch Zitronenmelisse-Blättchen dazu.

Ein Tip:
Es schmeckt sehr gut, wenn man über diese Nachspeise grünen Pfeffer streut.

Nachspeise
6 Personen

Rhabarberschaum:
150 g Rhabarber
50 g Zucker
Saft von 1 Zitrone
Saft von 1/2 Orange
2 Blatt weiße Gelatine
2 Eigelb
1 Prise Zimt
1 Prise Nelkenpulver
100 g steifgeschlagene Sahne
1 Eiweiß
25 g Puderzucker

Erdbeerpüree:
200 g frische Erdbeeren
20 g Puderzucker
1 cl Rum
1 cl Orangenlikör

Folgende Doppelseite:
Rhabarberschaum auf frischen
Erdbeeren

Danksagung

Sehr zu danken haben wir den Küchenkünstlern und Restaurants, die uns Menü-Vorschläge und Rezepte geliefert haben und bei der Umsetzung geholfen haben:

Andresens Gasthof
Dorfstraße 63
25842 Bargum
Tel. (04672) 1098
Menü Seite: 36–40

Hartmut Boll
Ehemals Altes Amt/Schönwalde jetzt Dieksee-Hotel/Malente
Menü Seite: 131–133

Drathenhof
Hamburger Landstraße 99
24113 Kiel-Molfsee
Tel. (0431) 650889
Menü Seite: 152–154

Forsthaus Hessenstein
24321 Panker
Tel. (04381) 9416
Menü Seite: 141–145

Fürst-Bismarck-Mühle
Mühlenweg 3
21521 Aumühle
Tel. (04104) 2028
Menü Seite: 104–106

Gasthaus Bongsiel
Am Kanal 2
25842 Ockholm
Tel. (04674) 1445
Menü Seite: 56–58

Historischer Krug
Grazer Platz 1
24988 Oeversee
Tel. (04630) 940-0
Menü Seite: 198–201

Holländische Stube
Mittelburgwall 22–26
25840 Friedrichstadt
Tel. (04881) 93900
Menü Seite: 64–69

Holsteinischer Hof
Paul-von-Schoenaich-Straße 50
23858 Reinfeld
Tel. (04533) 2341
Menü Seite: 121–125

Hotel Gardels
Westerstraße 19
25693 St. Michaelisdonn
Tel. (04853) 566
Menü Seite: 76–78

Jagdhaus Waldfrieden
Kieler Straße
25451 Quickborn
Tel. (04106) 6102-0
Menü Seite: 93–97

Landhaus Stricker
Boy-Nielsen-Straße 10
25980 Tinnum/Sylt
Tel. (04651) 31672
Menü Seite: 28–30

Jörg Müller
Süderstraße 8
25980 Westerland/Sylt
Tel. (04651) 27788
Menü Seite: 17–21

Osterkrug
Treenestraße 30
24896 Treia
Tel. (04626) 550
Menü Seite: 188–192

Ratskeller Glückstadt
Am Markt 4
25348 Glückstadt
Tel. (04124) 2464
Menü Seite: 84–88

Restaurant im Schloß
Am Wall 74
24103 Kiel
Tel. (0431) 91158
Menü Seite: 160–164

Schiffergesellschaft
Breitestraße 2
23552 Lübeck
Tel. (0451) 76776
Menü Seite: 112–116

Schlie-Krog
Dorfstraße 19
24351 Sieseby
Tel. (04352) 2531
Menü Seite: 180–182

Seehotel Töpferhaus
Am See
24791 Alt-Duvenstedt
Tel. (04338) 9971-0
Menü Seite: 169–173

Ual Öömrang Wiartshüs
Bräätlun 4
25946 Norddorf/Amrum
Tel. (04682) 836
Menü Seite: 45–49

Die regionalen schleswig-holsteinischen Gerichte, entstanden aus den traditionellen Küchen- und Rezeptideen, kann man das ganze Jahr hindurch überall im Land im Angebot der Restaurants finden.
Die großen Küchenkünstler bereiten die überlieferten Gerichte meist auf eine ungewöhnliche, eigenwillige Weise zu, sie modernisieren und verändern die Rezepte, die Zusammenstellungen, bevorzugen jahreszeitliche Produkte und Kombinationen. Ihre Phantasie, ihr Können lassen so häufig Neues aus dem Alten entstehen. Die meisten der in diesem Buch vorgestellten Menüs und Rezepte stellen somit eine ganz besondere norddeutsche Küche dar.

Die hier vorliegenden Rezepte sind alle von mir nachgekocht und den Bedingungen eines Normal-Haushalts angepaßt worden. Ich habe die Rezepte der großen Köche so aufgeschrieben, daß sie für jeden verständlich sein müßten.

Was der Schleswig-Holsteiner gern zu Hause ißt …

Husumer Krabbensuppe

Vorspeise
4 Personen

1000 g Krabben in der Schale
1 Bund Suppengrün
1 TL Salz
1 Msp. Curry
40 g Fett
40 g Mehl
$1/_4$ l Weißwein (nicht zu herb)
1 kleine Dose Spargel
1 TL mittelscharfer Senf
200 ccm Sahne
1 Bund frischer Dill

Krabben schälen und beiseite stellen. Die Schalen mit Wasser bedeckt zum Kochen bringen. Suppengrün putzen und kleingeschnitten dazugeben. Mit Salz und Curry würzen. Bei kleiner Hitze 30 Minuten köcheln lassen. Durch ein Sieb geben. Fett und Mehl schwitzen, mit der Krabbenbrühe und dem Weißwein ablöschen. Die gepulten Krabben und die abgegossenen Spargelstücke in die Suppe geben. Einmal erhitzen. Sofort mit Senf, eventuell noch mit Salz abschmecken. Steifgeschlagene Sahne unterheben. Mit frischgehacktem Dill überstreuen. Sofort servieren.

Fliederbeersuppe

Hauptgericht
4 Personen

1–1$^1/_2$ l Fliederbeersaft
(Holunderbeersaft)
Schale von einer unbehandelten Zitrone
100–125 g Zucker
50 g Sago
250 g säuerliche Äpfel
250 g frische oder eingekochte Quitten
1 EL Rum

Als Einlage
Grießklößchen (s. S. 68)
oder Schwemmklößchen

Schwemmklößchen:
$1/_8$ l Wasser
35 g Butter
70 g Mehl
2 Eier
Salz
Pfeffer

Fliederbeersaft zum Kochen bringen. (Wenn man die frischen Fliederbeeren (auch Holunderbeeren) pflückt, streift man mit einer Gabel die Beeren von den Stielen und bringt sie, knapp mit Wasser bedeckt, zum Kochen.) Zitronenschale und Zucker dazugeben, einmal aufkochen. Sago einrühren, bei mittlerer Hitze 15 Minuten garen lassen. Apfel in kleine Würfel schneiden, Quitten in kleine Stücke schneiden, beides in die Suppe geben. Nur noch ziehen lassen, bis das Obst gut zu beißen ist. Mit Rum und mit eventuell mehr Zucker abschmecken. Vor dem Servieren die Klöße in die Suppe geben.

Schwemmklößchen:
Wasser mit Butter zum Kochen bringen. Mehl dazugeben und zum Kloß rühren. Abbrennen. Teigkloß in eine Schüssel geben. Nach und nach die Eier unterschlagen. Teig mit Salz und Pfeffer würzen. Kleine Klöße abstechen und in Salzwasser garziehen lassen. Herausheben und abtropfen lassen.

Weinsuppe mit Schinken

Schinkenende mit Knochen und Katenschinken über Nacht wässern. Mit frischem Wasser bedeckt zum Kochen bringen. Suppengrün putzen und kleingeschnitten dazugeben. Bei mittlerer Hitze 60 Minuten kochen. Brühe durchgießen, das Schinkenstück beiseite stellen. Perlgraupen in die Brühe geben und bei kleiner Hitze etwa 30 Minuten garen lassen. Rosinen und Korinthen gewaschen dazugeben. Weißwein angießen, einmal aufkochen. Vom Herd nehmen. Eigelb und Sahne verrühren, Suppe damit legieren. Sofort servieren. Zu der Weinsuppe reicht man von einem zweiten Teller einen wohlschmeckenden Weizenstuten, mit Butter bestrichen und mit Scheiben des abgekochten Schinkens belegt.

Tip:
Man kann die Suppe auch sehr gut mit Rotwein kochen. Es ist auch üblich, den abgekochten Schinken mit Kartoffeln und Meerrettichsoße als zweiten Gang zu servieren.

Hauptgericht
4 Personen

1 Schinkenende mit Knochen
500 g Katenschinken im Stück
1 Suppengrün
50 g Perlgraupen
50 g Rosinen
50 g Korinthen
3/4 l Weißwein (nicht zu herb)
2 Eigelb
200 ccm Sahne

Beilage:
Weizenstuten
Butter

Grünkohl auf Holsteiner Art

Grünkohl vom Strunk schneiden oder rupfen, gut waschen, grob zerhacken. Reichlich Wasser zum Kochen bringen. Grünkohl in das kochende Wasser geben, einmal aufwallen lassen, abgießen und kalt abspülen. Vorgang noch einmal wiederholen. Schmalz im Topf auslassen, die feingehackte Zwiebel darin glasig braten. Grünkohl dazugeben, anschmoren. Mit Salz und Pfeffer würzen, mit Wasser angießen. Bei mittlerer Hitze eine knappe Stunde kochen lassen. Schweinebacke und Kasseler in Fett rundherum anbraten. Zum Grünkohl geben und mitschmoren (eine knappe Stunde). Kochwürste waschen und im Ganzen in den Grünkohltopf geben. Noch 10 Minuten mitziehen lassen. Fleisch herausheben und warmstellen. Grünkohl gut mit Salz und Pfeffer abschmecken, eventuell noch etwas Schmalz unterrühren. Abtropfen lassen und zusammen mit dem aufgeschnittenen Fleisch servieren.
Wichtig: Zu diesem Grünkohlgericht gehört Zucker auf den Tisch. Man würzt den Grünkohl mit etwas Zucker vor. Besonders gut schmeckt es, wenn man extra kleine Grünkohlkartoffeln als Pellkartoffeln kocht und sie in Fett und Zucker karamelisiert und dazu serviert.

Hauptgericht
4 Personen

2 kg Grünkohl (frisch, nach dem ersten Frost)
125 g Schmalz
1 große Zwiebel
Salz
schwarzer Pfeffer
250 g Schweinebacke
500 g Kasseler Nacken
4 Kochwürste (Kohlwürste, Mettenden)
Fett zum Anbraten
Zucker

Beilage:
Röstkartoffeln

Birnen, Bohnen, Speck = Gröner Heini

Speck und Schinkenende über Nacht wässern. Mit Wasser bedeckt zum Kochen bringen. Auf mittlerer Flamme 45 Minuten kochen lassen. Bohnen putzen und in die Speckbrühe geben. Mit Salz, Pfeffer und Bohnenkraut würzen, 20 Minuten mitkochen lassen. Eventuell etwas Wasser angießen. Kochbirnen waschen, die Blüten ausschneiden (Stiel und Gehäuse bleiben dran). Oben auf die Bohnen legen. Bei geringer Hitze 10–15 Minuten ziehen lassen. Schinkenende herausheben und beiseite legen. Speck herausheben und in mundgerechte Würfel schneiden. Unter die Bohnen heben. Birnen dekorativ auf die Bohnen legen, mit frisch gehackter Petersilie überstreuen. Sofort zu Salzkartoffeln servieren.

Hauptgericht
4 Personen

500 g durchwachsener Speck
1 Schinkenende mit Knochen
1000 g frische grüne Bohnen
Salz
Pfeffer
1 Bund Bohnenkraut
1000 g kleine Kochbirnen
1 Bund frische Petersilie

Beilage:
Salzkartoffeln

Schnüsch = Schnusch

Kartoffeln in der Schale kochen, abpellen und in Scheiben schneiden. Mohrrüben, Erbsen und Bohnen putzen, mit wenig Wasser zum Kochen bringen. 15–20 Minuten bei mittlerer Hitze nicht zu weich kochen. Milch dazugießen, Butter unterrühren. Mehl mit wenig Wasser anrühren und einrühren. Einmal aufkochen lassen. Kartoffelscheiben dazugeben. Mit Salz und Pfeffer würzen, mit frisch gehackter Petersilie überstreuen.
Schnüsch (oder Schnusch) ißt man aus tiefen Tellern. Dazu gibt es vom zweiten Teller oder Brett eine Scheibe geräucherten Schinken oder ein Matjesfilet.

Hauptgericht
4 Personen

250 g neue Kartoffeln
250 g Mohrrüben
250 g ausgepalte frische Erbsen
250 g frische grüne Bohnen
$1/2$ l Milch
50 g Butter
25 g Mehl
Salz
Pfeffer
1 Bund Petersilie

Als Beilage:
4 Scheiben geräucherter Katenschinken oder 4 Matjesfilets

Lübecker National

Fleisch waschen und mit kaltem Wasser bedeckt zum Kochen bringen. Bei mittlerer Hitze 50 Minuten kochen lassen. Steckrüben putzen und in Stifte schneiden. Zum Fleisch geben. Eventuell etwas Wasser angießen. Weitere 40 Minuten bei mittlerer Hitze kochen lassen. Fleisch herausheben und warmstellen. Milch auf die Steckrüben gießen. Mehl mit wenig Wasser anrühren und dazugeben. Einmal aufkochen lassen. Mit Salz und Pfeffer abschmecken. Zu dem aufgeschnittenen Fleisch und Salzkartoffeln servieren.

Hauptgericht
4 Personen

500 g Kasseler Nacken im Stück
750 g Steckrüben
$1/4$ l Milch
25 g Mehl
Salz
Pfeffer

Beilage:
Salzkartoffeln

Goldbutt in Speck gebraten

Fisch wie üblich waschen und vorbereiten. Mit Zitronensaft beträufeln. Kurz vor dem Braten salzen. Speck sehr fein würfeln und ausbraten. Würfel herausheben. Butt in Mehl wenden und von beiden Seiten im Speckfett goldbraun braten, (jede Seite 5–7 Minuten, je nach Größe, bis sich das Fleisch von der Mittelgräte löst). Fisch aus der Pfanne heben. Speckwürfel kurz anbraten und über den Butt geben.

Dazu ißt man Salzkartoffeln, junge Pellkartoffeln oder Kartoffelsalat. Gut schmeckt ein frischer grüner Salat dazu.

Hauptgericht
4 Personen

4 küchenfertige Goldbutt (oder andere Schollenarten)
(je 200–250 g)
Zitronensaft
Salz
250 g durchwachsener Speck
Mehl

Beilagen:
Salz- oder Pellkartoffeln oder Kartoffelsalat
Grüner Salat

Dorsch mit Senfsoße

Dorsch wie üblich waschen und vorbereiten. Mit Zitronensaft beträufeln. 10 Minuten stehen lassen. 1 Liter Wasser im Fischbräter zum Kochen bringen. Zitronenschale, Salz, Pfeffer, die Zwiebel, Lorbeerblatt und den frischen Dill dazugeben. Aufkochen lassen. Fisch auf einem Rost in den Topf geben. Bei kleiner Hitze köchelnd garen lassen (je nach Größe 15–25 Minuten, das Fischfleisch muß sich von der Gräte lösen, aber noch „Biß" behalten). Herausheben, sofort mit Salzkartoffeln und einer der beiden Senfsoßen servieren.

Senfsoße:
Butter und Mehl schwitzen, mit der Fischbrühe aufgießen. Aufkochen. Sahne unterrühren. Erhitzen. Mit Senf, Salz und Zucker sehr würzig abschmecken. Sofort servieren.

Krusenmoster:
Butter in einer Pfanne auslassen. Senf dazugeben und unter ständigem Rühren erhitzen. Weiterrühren, bis sich Fett und Senf trennen, der Senf gerinnt (er wird „kraus", daher der Name für diese typisch norddeutsche Soße). Heiß servieren.

Hauptgericht
4 Personen

1 Angeldorsch (1400–1600 g)
1 unbehandelte Zitrone
Salz
Pfeffer
1 kleine Zwiebel
Lorbeerblatt
1 Bund frischer Dill

Senfsoße:
30 g Butter
40 g Mehl
$\frac{1}{4}$ l Fischbrühe (vom Dorsch)
$\frac{1}{4}$ l Sahne
2 EL mittelscharfer Senf
Salz
Zucker

Krusenmoster:
60 g Butter
120 g mittelscharfer Senf

Beilage: Salzkartoffeln

Großer Hans

Brötchen in Würfel schneiden und in Milch einweichen. Zitronenschale fein abreiben und dazugeben. Butter mit Zucker und Vanillezucker sehr schaumig rühren. Eier unterrühren. Mandeln, gewaschene Rosinen und die eingeweichten Brötchen unterheben. Zapfenform für das Wasserbad (auch Puddingform, Großer-Hans-Form oder Mama-Form genannt) mit Butter ausstreichen, mit Semmelmehl gut ausstreuen. Teigmasse einfüllen. In einen großen Topf mit kochendem Wasser setzen. Es darf kein Wasser in die mit einem Deckel verschlossene Form eindringen. Im Wasserbad 10 Minuten stark, dann weitere 80 Minuten bei kleiner Hitze kochen. Herausheben. 5 Minuten in der Form ruhen lassen. Auf eine Platte stürzen. Mit einer Fruchtsoße (Kirschen, Erdbeeren oder Himbeeren, es schmeckt auch eine Backobst-Soße) servieren.

Birnen im Teig = Ofenkater

Birnen schälen, halbieren und entkernen. In wenig Wasser kurz dünsten. Herausheben. Aus Mehl, Hefe, Zucker, Milch, Salz, Butter und den Eiern einen sehr geschmeidigen Hefeteig zubereiten. Gut schlagen und warm stellen. Erneut durcharbeiten. Auflaufform oder Kastenbackform mit hauchdünnen Speckscheiben gut auslegen. Einige Scheiben zurückbehalten. Birnen auf den Speck legen. Teig erneut durchschlagen und dann gleichmäßig auf den Birnen verteilen. Oberfläche mit den restlichen Speckscheiben bedecken. In der Form an einem warmen Ort 20 Minuten gehen lassen. In den vorgeheizten Backofen stellen (200–220 Grad, Stufe 4), 60–70 Minuten backen, bis der Teig gar ist. Sollte die Oberfläche zu braun werden, so muß der Ofenkater abgedeckt werden. Sofort servieren. Dazu ißt man eine Saftsoße aus dem abgekochten Birnensaft oder von rotem Obst (Kirschen, Erdbeeren oder Himbeeren).

Alphabetisches Rezeptverzeichnis

Für Ihre Rezepte

Für Ihre Rezepte

Für Ihre Rezepte

Autoren/Impressum

Jutta Kürtz,
geb. 1941, wohnhaft in Kiel und auf der Nordseeinsel Föhr, ist freiberuflich als Journalistin und Sachbuch-Autorin, als Projektmanagerin und Referentin für aktuelle und kulturgeschichtliche Themen tätig.
Sie hat gut drei Dutzend Bücher und zahlreiche Veröffentlichungen in allen Medien zu kulinarischen, kulturgeschichtlichen und touristischen Themen publiziert.

Andrea Kramp,
geb. 1958 in Lübeck.
1978–1982 Studium an der Fachhochschule für Gestaltung. Freiberuflich tätig.

Bernd Gölling,
geb. 1959 in Braunschweig, Studium an der Fachhochschule für Gestaltung. Diplom als Fotodesigner. Seit 1983 freiberuflich als Studiofotograf in Hamburg tätig. Zahlreiche Veröffentlichungen in Zusammenarbeit mit Andrea Kramp.

Die Deutsche Bibliothek CIP-Einheitsaufnahme

Schleswig-Holstein kulinarisch: Tips und nachkochbare Rezepte von zwanzig Spitzenrestaurants / Jutta Kürtz (Text). Andrea Kramp; Bernd Gölling (Fotos). – Sonderausg.. – Hamburg : Ellert und Richter, 2002
ISBN 3-8319-0047-7

© Ellert & Richter Verlag, Hamburg 1988
Sonderausgabe 2002

Text:
Jutta Kürtz, Kiel
Fotografien:
Andrea Kramp und Bernd Gölling, Hamburg
Foodstyling:
Hermann Rottmann, Hamburg
Gestaltung:
Büro Brückner + Partner, Bremen
Satz und Lithographie:
KCS GmbH, Buchholz
Druck:
Girzig + Gottschalk, Bremen
Bindung:
S. R. Büge GmbH, Celle